大众体育系列

游泳

华 川◎编

合肥工业大学出版社
HEFEI UNIVERSITY OF TECHNOLOGY PRESS

图书在版编目（CIP）数据

游泳/华川编．—合肥：合肥工业大学出版社，2016.7
（大众体育系列）
ISBN 978-7-5650-2892-2

Ⅰ.①游…　Ⅱ.①华…　Ⅲ.①游泳-青少年读物　Ⅳ.①G861.1-49

中国版本图书馆 CIP 数据核字（2016）第 164427 号

游　　泳

华　川　编　　　　　责任编辑　王钱超　李潇潇

出　版	合肥工业大学出版社	版　次	2016 年 7 月第 1 版
地　址	合肥市屯溪路 193 号	印　次	2017 年 1 月第 1 次印刷
邮　编	230009	开　本	710 毫米×1000 毫米　1/16
电　话	总　编　室：0551-62903038	印　张	11
	市场营销部：0551-62903198	字　数	203 千字
网　址	www.hfutpress.com.cn	印　刷	三河市燕春印务有限公司
E-mail	hfutpress@163.com	发　行	全国新华书店

ISBN 978-7-5650-2892-2　　　　定价：26.00 元

前　言

游泳运动作为奥运会、亚运会、全运会的大项，有着悠久的历史和广泛的追捧人群，正日益受到我国体育爱好者的青睐。游泳具有健身、观赏、娱乐、教育等多种功能价值。2008 年，游泳作为北京奥运会的传统比赛项目进行了比赛，使得这项运动在国人中间得到了更为广泛的宣传。

《游泳》介绍了游泳运动的起源、发展、特点、基本技术、快乐速成、伤病预防等内容，全书内容体现如下特色：

1. 图文并茂，让青少年更形象、更轻松地理解每一个技术动作，变抽象的文字解释为形象的图片展示，有助于提高学生的学习兴趣。

2. 加强了快乐速成练习。本书对技术学习采用了快乐入门的方法，讲述了简单、易行、有趣的速成途径。

3. 精选对学生有影响的明星运动员进行介绍。文中介绍了国际、国内的一些明星运动员所取得的荣誉以及事迹，为中小学树立良好的学习榜样，同时提高学生学习水上运动的兴趣。

4. 补充常见运动伤病与预防部分。针对游泳运动过程中可能出现的运动损伤，介绍了有效的预防措施及其简单治疗方法，对学生安全、可持续参与运动健身，以及技能的掌握提高，具有重要意义。

5. 增加了技术动作的英文名称。学生在学习动作的同时，能够知道该动作的英文名称，丰富了学生的专业英语词汇。

青少年是国家的未来、民族的希望，他们身心健康、人格健全是每一个家长和老师的愿望，也是素质教育所追求的重要目标。我们将把此书献给广大青少年，衷心地希望本书能够提高他们参与水上运动的兴趣，使他们体验到水上运动的快乐，为他们的学习生活增添一道亮丽的风景线。

目 录

第一章

游泳运动的概述

游泳是一种凭借自身肢体动作和水的作用力，在水中活动或前进的技能活动。人类的游泳是一种有意识的活动，一直与人类的生存、生产、生活紧密联系，是人类在同大自然斗争中为求生存而产生，随着人类社会的发展而发展，逐渐成为体育运动的重要项目。

第一节　游泳运动的起源、发展演进及奥运发展史

一、游泳的起源和我国古代社会的游泳运动

人类的游泳活动源远流长，其产生与人类社会的生产劳动、生活娱乐及战争等活动联系紧密。它是人类在征服自然、改造自然的生产劳动中产生的，在满足人们的娱乐、竞争的需要中发展起来的。

生活在江、河、湖、海边的上古先民为解决最基本的温饱问题，水中的鱼、虾等成为他们的口食之粮，为了获取这些食物，游泳便成了他们最基本的生存技能。

图 1－1

我国江南为水网地区，善游泳者众多，这和生产劳动的发展密不可分。苏东坡记有："南方多没人，日与水居也，七岁能涉，十岁能浮，十五岁而能没矣。……日与水居，则十五而得其道；生不识水，则虽壮见舟而畏之。"这可以从5000多年前的古代陶器中刻画的人类潜入水中猎取水鸟及类似现代爬泳的图案中得到证实。

图 1－2

随着国家的出现，生产力的发展，阶级的产生和阶级矛盾的激化，古代国家之间出现了战争。这时的游泳由单纯的生活技能又逐渐成为一种军事技能。保存至今的战国时期的铜壶饰纹水路攻占图上的游泳姿势就反映了当时的情景。

图 1－3

由于生产力的发展，除了生产劳动和军事，游泳又与娱乐紧密地联系在一起。古代栩栩如生的壁画可以让我们想象当时壮观的场面。

图 1－4

我国古代的游泳可概括为 3 种形式，即涉、浮、没。以后劳动人民在长期的实践中，创造和发展了不少的泅水方法和游泳技术，如狗爬式、寒鸭浮水、扎猛子、大爬式、扁担浮等等，这些方法和技术至今仍在民间流传。

二、现代奥运会游泳的发展

现代游泳运动起源于英国。17 世纪 60 年代，英国不少地区的游泳活动就开展得相当活跃。1828 年，英国在利物浦乔治码头修建了第一个室内游泳池，到 19 世纪 30 年代，这种泳池在英国各大城市相继出现。1937 年，在英国伦敦成立了第一个游泳组织，同时举办了英国最早的游泳比赛。

1888 年，法国教育家皮埃尔 · 德 · 顾拜旦提出恢复奥林匹克运动会的建议后，得到很多人和很多国家的支持，1896 年在希腊举办第一届奥运会上，即把游泳列为竞赛项目之一。当时只有 100 米、200 米、1200 米自由泳 3 个比赛项目，比赛在地中海齐亚湾冰冷的海水中举行。匈牙利人阿尔弗雷德 · 哈约什（Alfred Hajos）获得 100 米和 1200 米自由泳冠军，赛后他说“我求生的渴望超过了赢得比赛的雄心”，他被美誉为“匈牙利海豚”。

图 1－5

1908 年在英国举办第四届奥运会时成立了国际业余游泳联合会，审定了当时各项游泳世界纪录，并制定了国际游泳比赛规则。女子项目是从 1912 年在瑞典的斯德哥尔摩举行的第五届奥运会上开始增加的，当时只有 100 米自由泳和 4×100 米自由泳两个项目，英国人伊莎贝拉·摩尔、简尼·弗莱彻、安妮·斯佩尔斯和伊莱娜·斯蒂尔夺得了奥运会历史上第一个女子 4×100 米冠军，如图 1－6 所示。

图 1－6

1952 年的第十五届奥运会上，国际泳联决定以后增设蝶泳项目，把蛙泳和蝶泳分为两个项目比赛，竞技游泳发展成 4 种泳姿。此后，为了寻求更快速度，蛙泳技术逐渐演变为潜水蛙泳，运动员成绩提高很快。在第十六届奥运会上，国际泳联决定以后蛙泳比赛禁止采用潜水蛙泳技术。随着技术的发展,至2008年第二十九届奥运会,游泳比赛项目达至34项,游泳奥运会比赛金牌数仅次于田径的大项。

第二节　游泳运动的特点

作为水上运动项目之一,游泳运动的主要特点决定了与陆上运动项目在练习环境、呼吸方式、运动姿势、动力状况等各方面都存在着明显的差别。

一、运动环境不同

图1－7

游泳是在水中进行的运动。水的压力、阻力、浮力对人体产生作用,常使初学者在水中产生站立不稳、胸闷、呼吸困难、呛水等现象,不会游泳的千万不可独自下水,到江河中或游泳池游泳时一定要借助游泳装备并在水性好的人的陪伴下才行。

二、呼吸方式不同

图1－8

游泳时，运动员在水中成俯卧或仰卧姿势，其呼吸方式与陆上运动项目存在本质区别：头抬出水面时张口吸气，头在水中用口或鼻子吐气，在吸气和吐气之间有一段闭气过程。同时，呼吸动作还必须在一定动作配合的条件下有节奏地进行。

三、运动姿势不同

图 1－9

在陆上体育运动项目中，运动员身体以直立姿势进行运动，而游泳时，游泳者采用俯卧或仰卧的姿势（踩水除外）在水中进行运动。由于身体运动姿势的改变，人体空间定位、定位感觉以及大脑前庭分析系统也随之发生改变，使得人们在日常生活中所形成的走、跑、跳等身体基本技能在水中无法得到合理运用，从而给游泳学习者增加了难度。

四、作用动力不同

图 1－10

游泳是利用水的浮力作用支撑身体，在水中，身体没有固定的支撑，游泳时通过水对身体运动动作所形成的支撑反作用力和升力推动身体向前游近。

第三节 游泳运动发展的基本态势

游泳是奥运会上仅次于田径的金牌大户，同时作为一项时尚的运动，它的健身价值、娱乐价值吸引了众多人的参与。近些年来，游泳运动得到飞速的发展，呈现一片欣欣向荣的景象。总体来看，游泳运动表现出以下发展态势：

一、科学性训练越来越重要

游泳运动的发展，特别是运动的成绩提高，有赖于科学、系统训练方法在实践中的运用。借助科学仪器对运动员身体机制进行监测，对数据进行快速、准确的分析，得到客观评价，有助于制定科学、系统、有针对性的训练计划，帮助运动员提高成绩。例如：传统的心率监测器已经被乳酸监测器所取代。使用高速摄像机，并用电脑对储存画面进行分析。营养上，已出现强效维生素、氨基酸和蛋白质补剂。

图 1－11

科学训练内涵

- 从多学科的角度洞悉规律
- 信息技术贯穿始终
- 技术诊断广受重视
- 适时训练监控与效果评价
- 客观选材与延长运动寿命

二、技术创新层出不穷

游泳技术创新是游泳运动发展的重要推动力。像著名的游泳运动员索普自由泳打腿速度是其他运动员的数倍,划臂姿势也与众不同,以一种相对较慢的速度几乎笔直地划出水面;采用蹲踞式出发;自由泳出发和冲刺时腿的动作有蝶泳的影子等,都是游泳技术创新的成功范例。

游泳训练中的科学技术

- 脑电图
- 高原训练与低氧训练
- 体能研究
- 三维高速摄影与图像分析

三、新运动材料采用

图 1－12

在 2008 年北京奥运会上,游泳健儿共打破 19 项记录,许多选手都身着“快速皮肤”——“鲨鱼皮”泳衣。这种按仿生原理制成的泳衣,可减少肌肉的颤动,降低疲劳程度,又可以保持动作不变形,提高划水效率。

四、大众游泳运动的蓬勃发展

图 1－13

游泳是一种需要在良好的自然环境中进行的体育运动项目，对人体的健康有着其他运动项目所无法比拟的健康效益。当前世界各国的体育爱好者，越来越多的投身于游泳运动之中，其中不少人将游泳视为终身的体育运动项目。西方发达国家的大众游泳已经开展得相当成熟；由于生活水平的提高，中国大众游泳运动也开展起来，现在中国的大城市规定小学生必须会游泳。可以预见的是，随着人们对健康、长寿要求的提高，以及对游泳健身意义认识的深化，游泳这项运动必将为更多人所接受，成为 21 世纪为亿万人所喜爱的最佳体育项目。

第二章

游泳运动基本技术

游泳包括多种花样的姿势：如模仿动物动作的蛙泳、海豚泳或蝶泳；按人体浮游水上的姿势有仰泳、侧泳、爬泳。竞技游泳包括4种姿势：蝶泳、仰泳、蛙泳、自由泳。游泳的比赛分为蛙泳、自由泳、仰泳和蝶泳4种泳姿。北京奥运会游泳比赛设34枚金牌，设项如下表所示：

第二十九届奥运会游泳项目设置

男、女自由泳	50米、100米、200米、400米、800米（女子）、1500米（男子）
男、女仰泳	100米、200米
男、女蛙泳	100米、200米
男、女蝶泳	100米、200米
男、女个人混合泳	200米、400米
男、女自由泳接力	4×100米、4×200米
男、女混合泳接力	4×100米
男、女马拉松	10千米

第一节　蛙泳（Breaststroke）

图2－1

蛙泳是模仿青蛙游泳的一种姿势，也是最古老的一种游泳姿势。早在2000～4000年前，古罗马、埃及就有过类似姿势的游泳。16世纪中叶，两臂同时动作、两腿交替打水的姿势出现，这种游法是蛙泳演变的开始。18世纪中期，蛙泳在欧洲被称为“青蛙泳”。由于蛙泳速度较慢，在20世纪初期的自由泳比赛中（不规定姿势的自由游泳），蛙泳不如其他姿势快，使蛙泳技术受到排挤，以至于一度没有人愿意采用蛙泳技术参加比赛，直到国际泳联制定了各种泳姿的规范，蛙泳技术才得到重新发展。蛙泳整体上经历了4个阶段。第一阶段：长划式、平航式和高航式蛙泳。第二阶段：蝶式蛙泳。第三阶段：潜水蛙泳。第四阶段：百花齐放的多流派。

一、身体姿势

蛙泳在游进中，身体位置不是固定不动的，而是不断变化的，特别是近年来出现的“波浪式”蛙泳，身体位置更不稳定。具体的技术要求是：

在一个动作周期（一次蹬腿一次划手）结束后，有一个短暂的相对稳定的滑行瞬间，此时臂腿并拢伸直，身体较水平地俯卧于水面，头略微抬起，身体纵轴与水平面夹角较小，身体保持一定的紧张度，以维持较好的流线型（图2－2）。

当划手和抬头吸气时，头抬出水面，肩部上升，加上开始收腿动作，这时身体与水平面的夹角增大（图2－3）。初学蛙泳的人容易吸气时抬头过高，因而使身体下沉，阻力增大。

图2－2

图2－3

二、腿的技术

蛙泳的腿部动作很重要，可产生较大的推进力。腿的动作可分为4部分，即收腿、翻脚、蹬腿和滑行，但它们其实是紧密相连的完整动作。

（一）收腿

收腿动作不但不产生推进力，而且会给身体带来阻力，因此要考虑如何减小阻力。开始收腿时同时屈膝屈髋，两膝边慢慢分开，边向前收腿；小腿和脚应跟在大腿和臀部的后面，以较慢的速度和较小的力量使脚后跟向臀部靠拢，以减小阻力。收腿结束后，大腿与躯干之间成130°～140°夹角，大腿与小腿之间成40°～45°夹角（图2－4－1；图2－4－2）。

（二）翻脚

翻脚对蛙泳腿部动作效果起着重要的作用。但翻脚并不是一个独立的动作阶段，而是在收腿没有完全结束时就开始了。通过向外翻脚，使脚尖朝外，增大与水面的接触，并使脚和小腿内侧对准蹬水的方向。翻脚结束的同时，两脚之间的距离要大于两膝之间的距离（图2－4－3；图2－4－4）。

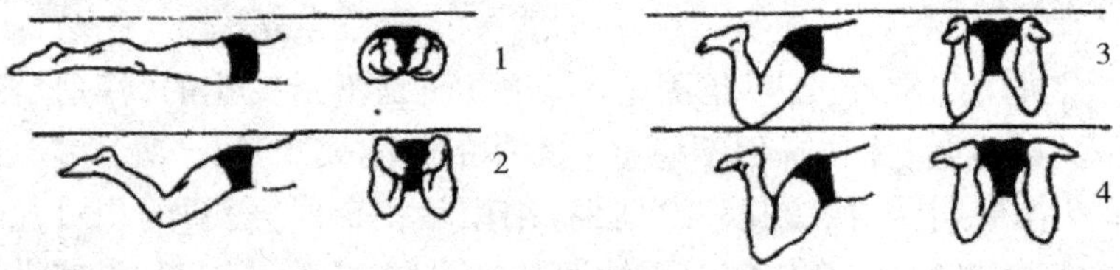

图2－4

（三）蹬腿

确切地说，应该是"蹬夹水"，也叫"鞭状蹬水"。蹬腿时，应先伸展髋关节，从大腿发力向后蹬水，小腿和脚掌做向下和向后的鞭水。腿在向后蹬的同时向中间夹紧，蹬腿结束时两腿应并拢伸直，踝关节伸直（图2－5；图2－6）。

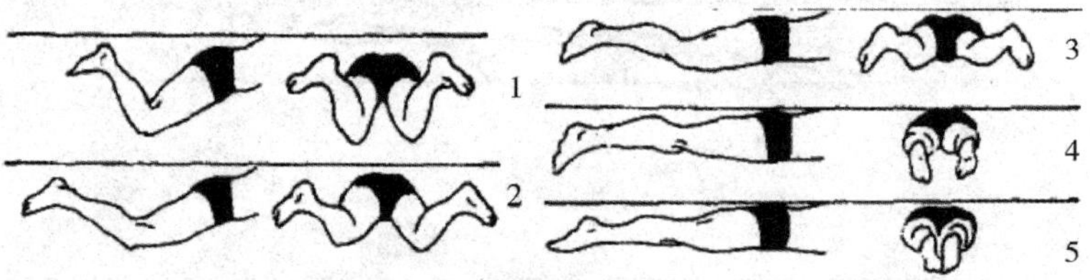

图2－5

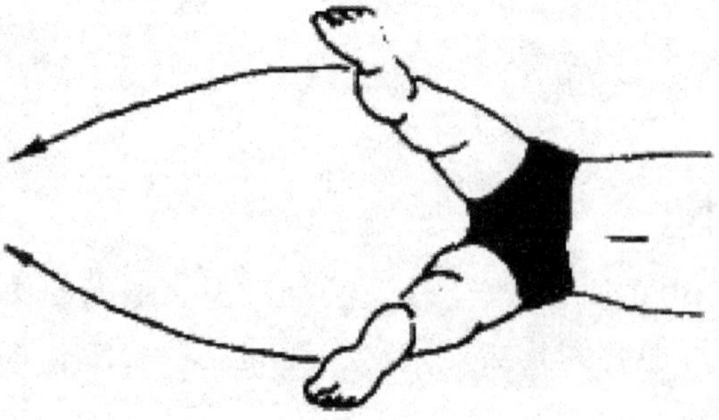

图2－6

由于蹬夹水能够产生较大的推进力，应用较大的力量和较快的速度完成。

（四）滑行

蹬腿结束后，由于蹬腿的惯性作用两腿有一个短暂的滑行阶段。这时两腿应尽量伸直并拢，腿部肌肉和踝关节自然放松，为下一个动作周期做好准备。滑行时间的长短与运动员的水平高低和个人技术风格有关，也与比赛距离的长短有关。初学者一般滑行时间较长，以便掌握动作节奏。

三、手臂技术

蛙泳臂划水技术可以产生较大的推进力，特别是现代蛙泳技术，更加强调划水的作用。蛙泳的划水路线从水下看，像一个“倒心形”（图 2－7）。

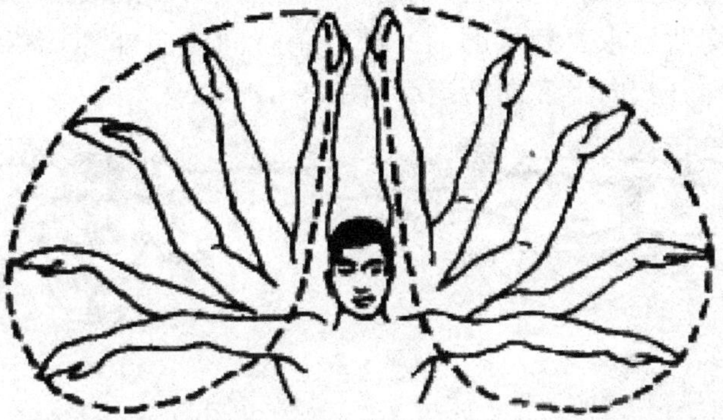

图 2－7

蛙泳臂部动作可分为开始姿势、滑下、划水、收手和移臂等几个部分。目前也有一些其他的划分办法，如有的学者根据划水过程中用力方向的变化将划水分为外划、下划、内划、前伸 4 个阶段。为了形象地描述划水技术，我们仍沿用传统的划分方法。

（一）开始姿势

蹬腿结束时，两臂前伸，与水平面平行，掌心向下，身体保持流线型（图 2－8）。

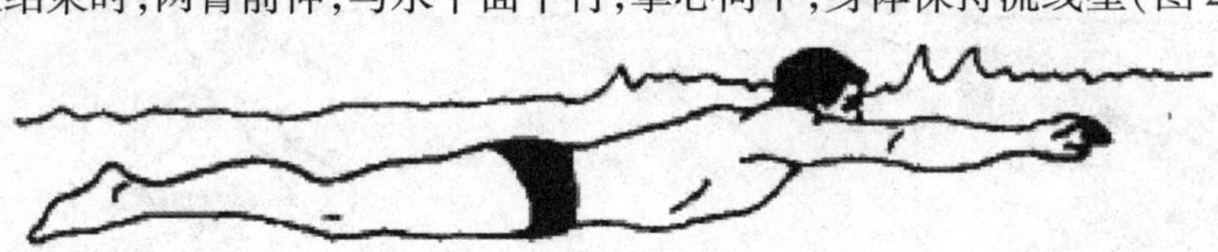

图 2－8

（二）滑下

也叫抓水。两肩和手臂前伸，手腕向前、向外、向下方勾手，应感觉到水对前臂和手掌的压力。抓水结束时，两臂分开到约成 45°（图 2－9）。

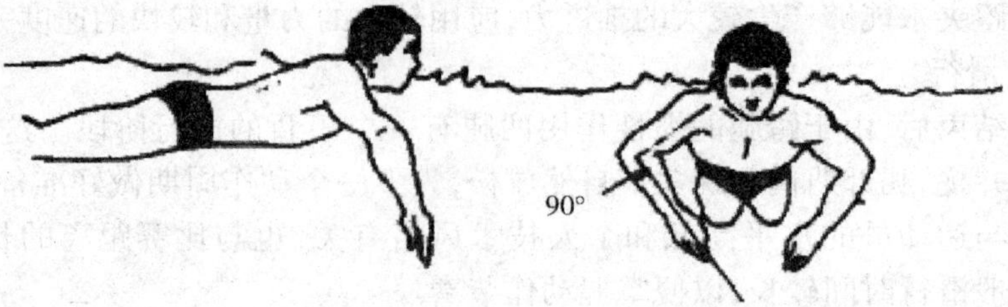

图 2－9

滑下抓水基本不产生推进力，其目的是给划水创造有利条件并使身体上浮。

（三）划水

划水是产生推进力的主要部分。划水开始时，两手继续外分，手臂向外旋转，同时屈腕、保持高肘划水。划水的前一部分手臂同时向外、向下和向后运动，而后一部分手臂同时向内、向下和向后运动（图 2－10）。

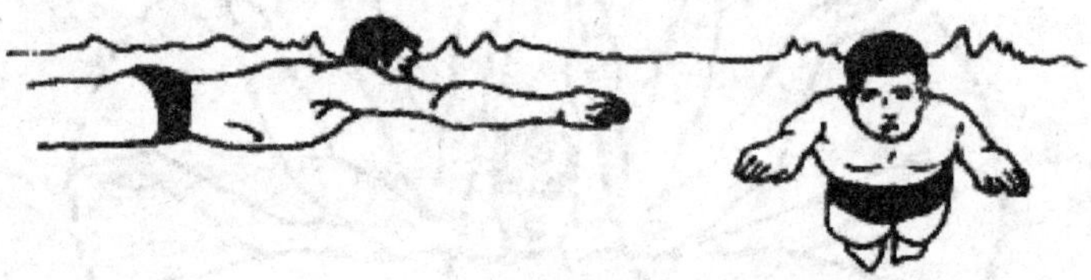

图 2－10

划水的整个过程应加速并始终保持高肘姿势完成，肘关节弯曲的角度随划水的进行不断减小，到划水即将结束时，肘关节屈至约 90°，手位于肩的前下方。

（四）收手

也有人认为收手是划水的后半段，因为它能产生一定的升力。划水结束后，手臂向内旋转，手同时向内、向上和向前快速运动，开始了收手过程。收手时，两掌心相对。收手结束时，肘的位置低于手，肘关节弯曲成较小的锐角（图 2－11）。

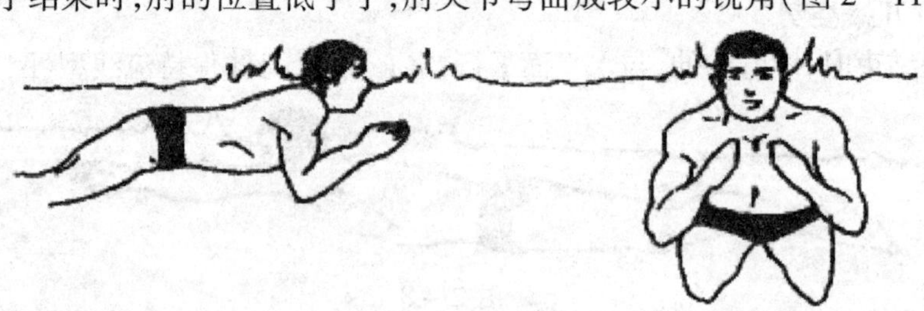

图 2－11

（五）移臂

蛙泳移臂是 4 种姿势中唯一在水下完成的。尽管目前有些运动员为了减小移臂的阻力，采用从水面上移臂的方法，但由于这样容易使腿下沉，所以并不流行。移臂是在收手的基础上完成的。通过向前伸肩和伸肘，两臂前移至开始姿势。移臂时，掌心可以向下，也可以向内，在即将结束时再转为向下（图 2－12）。

图 2－12

尽管从理论上讲，移臂时不产生推进力，应用较慢的速度完成，但现代蛙泳运动员为了节省时间，提高频率，都加快了移臂的速度，而且更注意减小阻力。

四、呼吸及完整配合技术

蛙泳的呼吸一般在一次动作周期中吸一次气。臂、腿、呼吸的配合采用 1∶1∶1 配合。

蛙泳呼吸采用抬头吸气。相对于划水来说，有早吸气和晚吸气两种配合形式。早吸气是指手臂刚开始划水时抬头吸气，吸气时间相对较长；收手和移臂时低头呼气。这种配合形式易于掌握，可以利用划水时的下压产生升力，有助于上身浮起，抬头吸气。晚吸气是指划水结束收手时吸气，吸气时间较短；移臂时低头呼气。这种形式有一定技术难度，但由于抬头时间短，身体重心和浮心失去平衡的时间短，因而阻力小，一般被高水平运动员采用（图 2－13；图 2－14）。

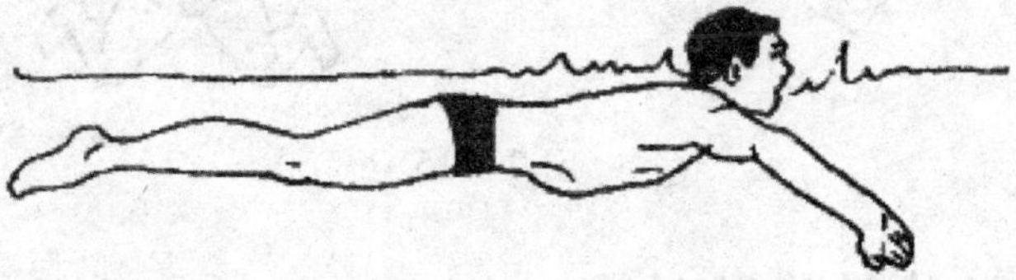

图 2－13

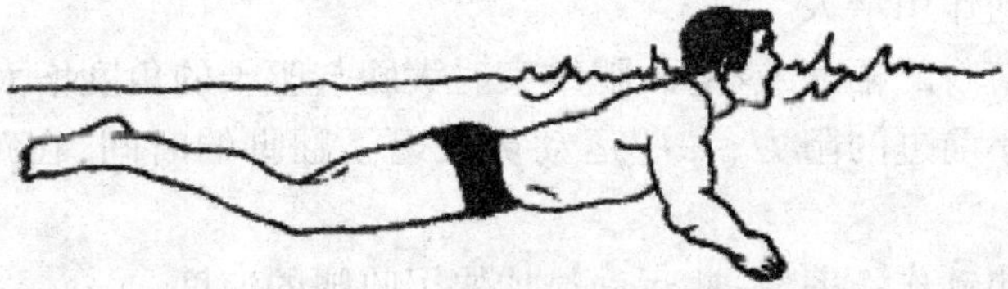

图 2－14

蛙泳臂腿配合技术较为复杂。为了保持游进速度的均匀性，臂腿的配合应尽量使游进过程中每个动作周期内的每个阶段都有推进力产生。正确的配合技术是手臂划水时，腿自然放松伸直；收手时腿自然屈膝；开始移臂时收腿，并快速蹬腿（图 2－15）。

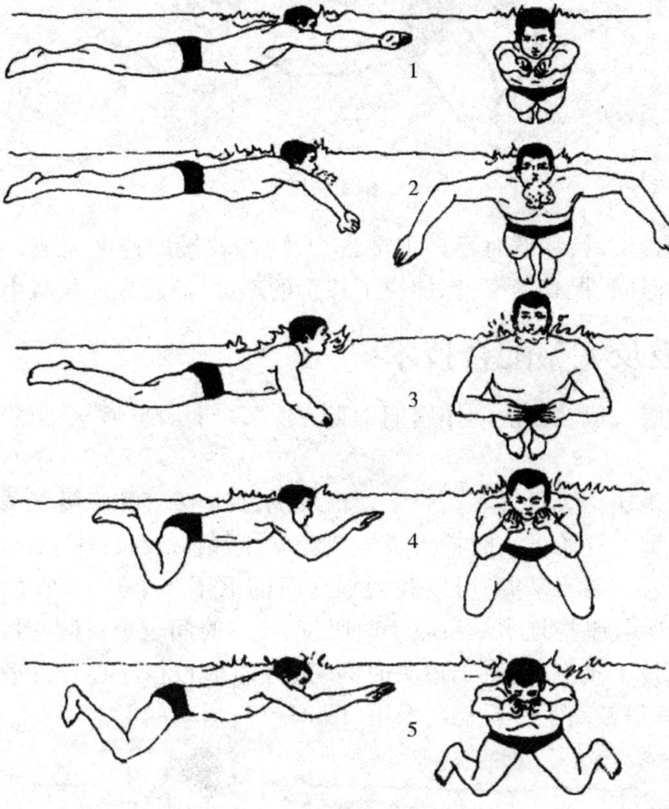

图 2－15

五、现代蛙泳技术的特点

（一）划水的作用增大。

（二）大腿前收的幅度减小，收腿结束时大腿与躯干的角度增大。

（三）为减小前进的阻力，一些运动员推迟了翻脚的时间，在蹬腿的同时开始翻脚。

（四）为加快动作频率，一些运动员加快了收腿的速度。

（五）更加重视利用腰腹的波浪动作产生前进的升力，并协助加强腿部蹬水的力量。

第二节　自由泳

在游自由泳时,俯卧于水面,两腿上下交替打腿,两臂轮流划水,动作很像爬行,故又别名爬泳。游泳竞赛规则允许在参加自由泳项目比赛时,运动员可以采用任何姿势,而爬泳速度最快,所以人们几乎全部采用爬泳姿势。久而久之,人们已经习惯将爬泳称为自由泳。技术动作由身体姿势、腿部动作、臂部动作、呼吸及完整配合等几部分动作通过协调的配合完成。

图 2－16

一、身体姿势

理想的爬泳身体姿势应该能使运动员最大限度地减小阻力,增大推进力。因此,游自由泳时,身体要保持水平姿势,水面接近发际,髋部略低于肩,身体纵轴与水平面成很小的锐角(图 2－17;图 2－18)。

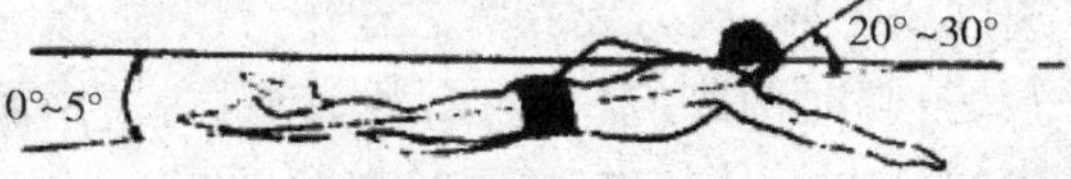

图 2－17

图 2－18

自由泳游进中身体往往随划水和呼吸动作绕纵轴做有节奏的转动，这种转动有助于呼吸动作的完成，并使手臂划水的幅度加大，便于更好地发挥上肢和肩带肌群的力量，因此是有益的，但如果转动的幅度过大，就会把前进的动能浪费到无用的身体摆动上，降低动作效果。

二、腿部动作

自由泳腿主要起着维持身体平衡，保持身体位置，并配合划水动作的作用。打腿对短距离运动员起的作用非常关键，快速打腿能加快手臂的划水动作，起到调节动作频率的作用。此外打腿技术好的运动员身体位置都高，能够减小身体前进的阻力。

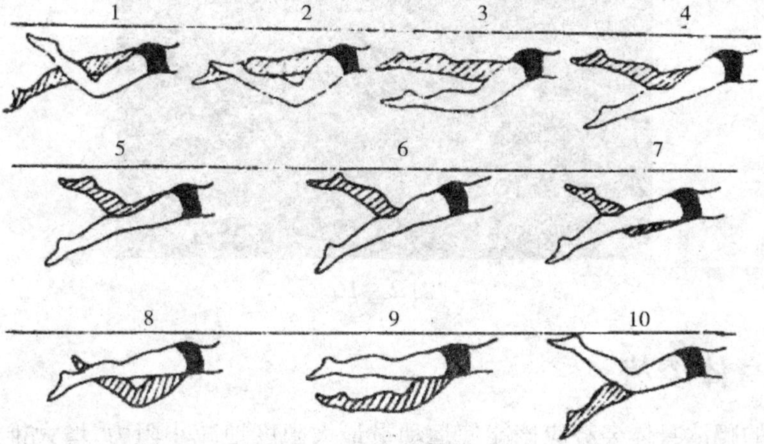

图 2－19

自由泳打腿由向下打腿和向上打腿两部分构成，其中向下打腿是主要产生推进力的动作，因此要速度快一些，用力大一些。动作可以描述为“大腿带小腿，两腿鞭状打水”。具体来说，打腿时两脚应稍内扣，踝关节放松，由髋关节发力，传至大腿带动小腿和脚，做鞭状打水，动作应有力而有弹性（图 2－19）。

三、手臂技术

游自由泳时，使身体前进的主要推进力产生于手臂的划水动作。自由泳划水动作可以分为水中划水和空中移臂两个主要部分，空中移臂是水中划水的必要准备，但不产生推进力；真正产生推进力的部分是水中划水。人们为了更方便地分析和描述划水，把爬泳划水技术习惯地分为 5 个各具特色而又紧密相连的动作阶段，即入水、抱水、划水、出水和空中移臂。

从侧面看，手臂运动轨迹经历了向外、向下、向内、向外、向上的三维运动，手的划水路线类似“S”状（图 2－20）。

图 2－20

（一）入水

入水并不产生推进力，它的目的是使手臂伸展到合适的位置，为划水做好准备（图 2－21）。入水阶段手的运动方向是向前、向下和向外，而没有向后的分量。手臂入水时，肘关节微屈并高于手，手自然并拢伸直，由大拇指领先，斜插入水，然后前臂和上臂依次入水。手的入水点应在肩的延长线上或身体中线和肩延线之间。过宽或过窄都不利于后面的划水。

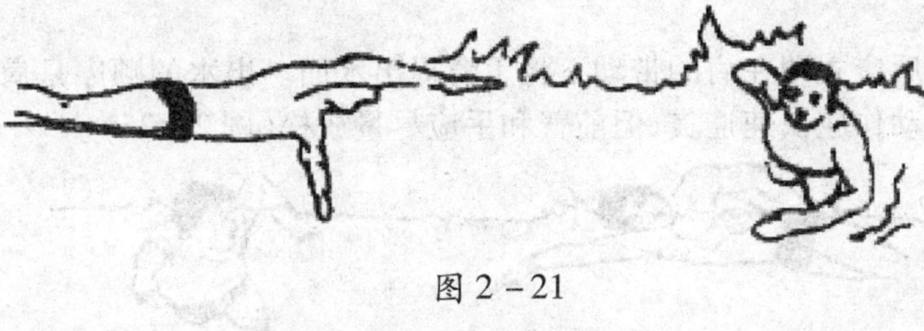

图 2－21

（二）抱水

抱水亦称抓水，入水后，臂应积极前伸并屈腕抓水。此时肘关节应保持高肘姿势，整个身体动作像抱着一个大圆球，为划水做好准备(图 2－22)。

图 2－22

(三)划水

划水是获得推进力的主要阶段，这个阶段又分为两部分，前面是“拉水”，后面是“推水”。“拉水”是从直臂到屈臂过程，手同时向内、向上和向后运动，应保持高肘姿势。前臂速度快于上臂，当臂划至肩下方时，手在体下靠近身体中线转入推水阶段(图 2－23)。向后“推水”是通过屈臂到伸臂来完成，“推水”中肘关节要向上向体侧靠近，手划至大腿侧结束。整个划水路线，手的轨迹呈“S”形(图 2－24)。

图 2－23

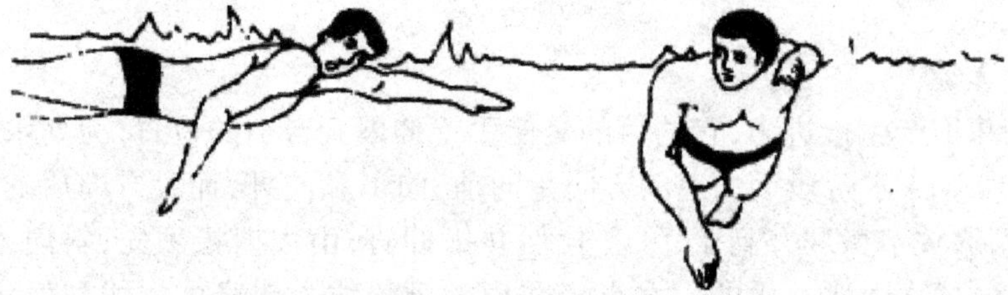

图 2－24

(四)出水

划水结束后应立即在肩的带动下将手臂提出水面。出水的顺序是肩、上臂、前臂和手。出水动作应快速连贯，但前臂和手应尽量放松(图 2－25)。

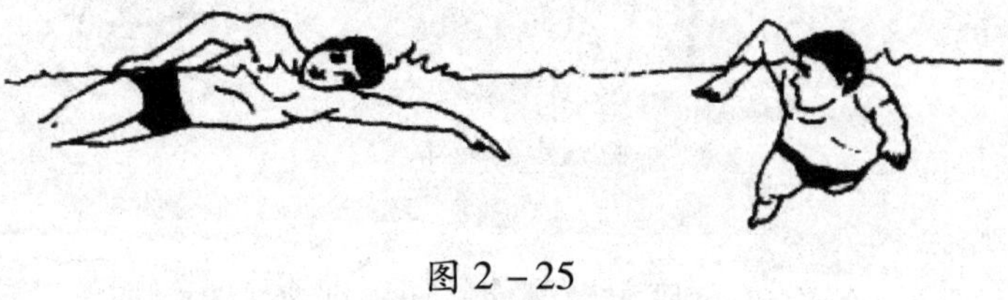

图 2－25

（五）空中移臂

空中移臂是出水的继续，不能停顿。移臂要放松自然，肘高于手。移臂动作应借助于肩关节的自然转动，手的速度快于前臂和上臂的速度，因为移臂开始时手落后于肘关节，而移臂结束时手应在最前方领先入水（图 2－26）。

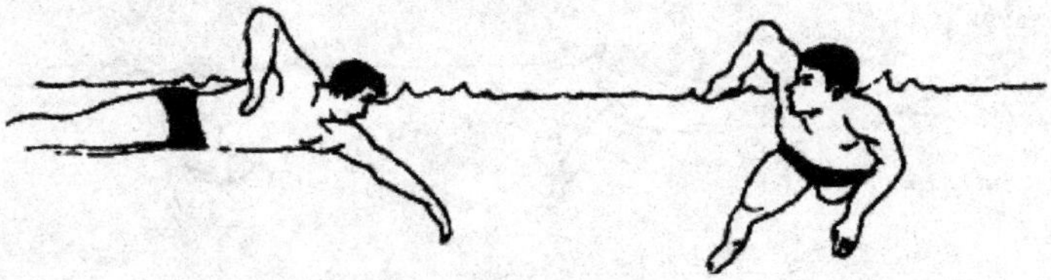

图 2－26

（六）两臂的配合

自由泳两臂的配合有 3 种基本形式，即前交叉配合、中交叉配合和后交叉配合，此外还有介于这三者之间的中前交叉和中后交叉（图 2－27）。现代自由泳优秀运动员多采用中交叉或中后交叉配合形式。

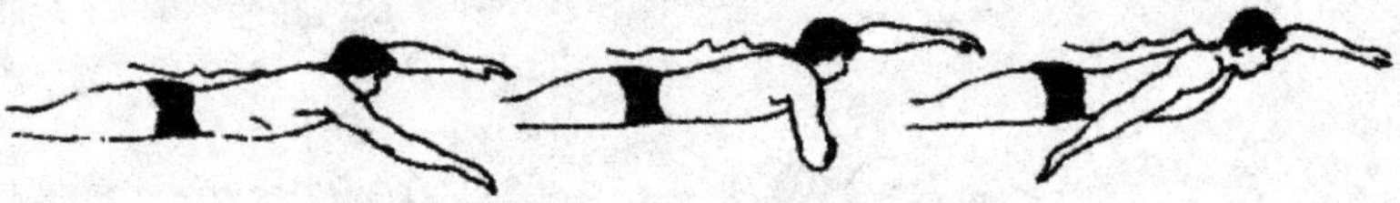

图 2－27

四、呼吸及完整配合技术

（一）呼吸与臂的配合

自由泳呼吸技术是一个难点，原因是它采用人们所不习惯的侧面转头吸气。吸气的时机要掌握好，如果向右侧转头，应该在右手入水后开始用口和鼻缓缓吐气，并随着划水阶段的推移逐渐增大呼气的幅度。抱水开始时，慢慢向右转头，右臂出水时，嘴露出水面，余气吐完快速吸气，吸气结束，开始转头复原，右手入水时，头部应已复原并保持稳定（图 2－28）。

图 2－28

吸气时肩和头应向同侧转动，不能抬头，否则会使腿部下沉，破坏身体流线型。转头吸气动作可以形象地描述为“咬肩”动作。

（二）完整配合

自由泳配合技术有多种形式，其中 6:2:1 配合是较常见的一种，即 6 次打腿、2

次划水、1 次呼吸。此外还有 4:2:1、2:2:1 等多种配合(图 2－29)。

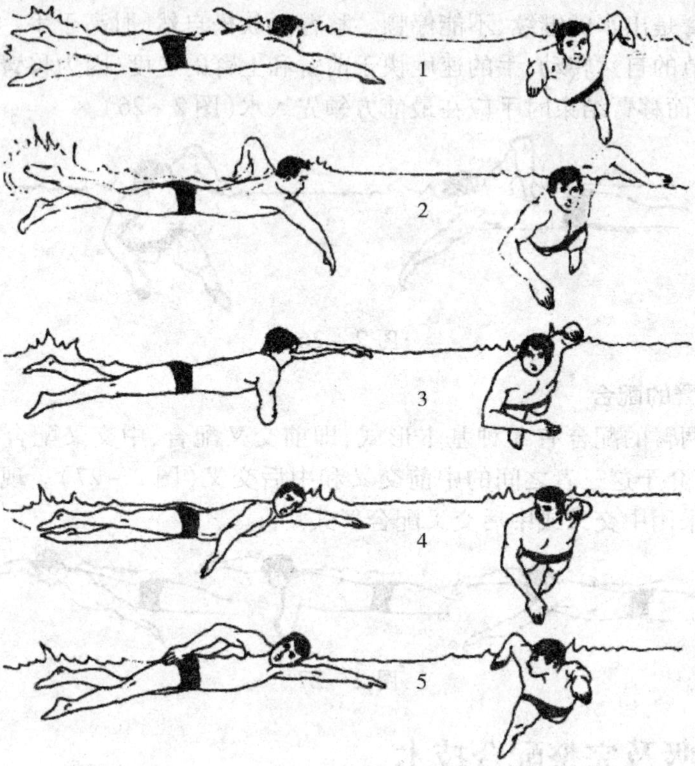

图 2－29

五、现代爬泳技术特点

(一)身体位置较高,这点对短距离运动员尤为重要。

(二)手入水后积极划下抱水,发力点早,通过改变手的形状和角度不断寻找手的支撑点。

(三)短距离项目身体围绕纵轴转动的幅度加大,伸肩更彻底,有效划水路线延长。

(四)短距离运动员的打水技术更为突出,打水幅度减小,频率加快。

(五)经过练习快频率或大划幅以后,运动员追求的目标是能够使游进速度达到最快,划频和划幅为最佳组合。

第三节 仰泳

仰泳是人体仰卧在水中游进的一种姿势。仰泳的历史也较为久远,但一直到19世纪初,人们仍主要采用所谓的"反蛙泳"技术,也叫"蛙式仰泳",即仰卧于水面,两臂同时划水,两腿同时蹬蛙泳腿。后来人们借鉴自由泳技术,形成了"爬式仰泳"技术,即两臂轮流划水,两腿交替上下打水,这就是现代仰泳技术的雏形。

由于仰泳呼吸容易掌握,动作省力简单易学,速度均匀,在群众中一直是较受欢迎的泳式,尤其被年老体弱及浮力较好的妇女儿童所喜欢。游仰泳时,运动员仰卧在水面,身体自然伸展,头和肩部位置高腿部较低,臂、腿轮流交替划水和踢腿。

图 2-30

一、身体姿势

游仰泳时,身体应自然伸展,接近水平地仰卧于水面,头和肩部略高于腰和腿部,身体纵轴与水平面构成一个较小的锐角(图 2-31)。

图 2-31

头部和髋部的位置关系非常重要。头的位置在很大程度上决定了整个身体的位置,起着"舵"的作用。头部过于后仰,就会使髋部抬高,腿和脚露出水面,影响打水效果;反之如果刻意勾头,抬高头的位置,髋和腿就会下沉,增大身体前进的阻力(图 2-32)。游仰泳时,腰腹部应保持适度的紧张,以维持身体的流线型,不宜

"坐"在水中,以免加大阻力。此外,与自由泳相似,游仰泳时,身体也应随划水和打腿动作绕纵轴自然转动,转动角度在45°左右,以利于保持划水的深度和合适的角度,使手臂能更充分地发挥肌肉力量。

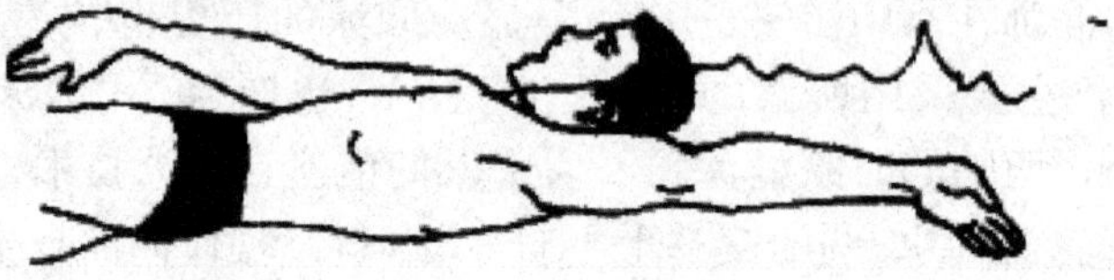

图 2－32

二、腿的技术

仰泳打腿的作用主要是保持身体位置,此外可产生一定的推进力。打腿由下压和上踢两部分组成。

仰泳腿的技术与自由泳腿相似,也可以用"大腿带小腿,两腿鞭打水"来形象地描述,但是由于是仰卧,所以产生推进力的动作是"上踢"。此外,仰泳腿时膝关节弯曲的程度大于自由泳,打腿的幅度也比爬泳深,

下压动作是直腿完成的。在臀部肌肉群的收缩带动下,大腿带动小腿下压到一定深度后,大腿停止继续下压,在腰腹肌肉群的控制和协同作用下,转入上踢过程。此时小腿和脚在惯性的作用下仍继续下压,之后小腿和脚在大腿的带动下依次结束下压动作(图2－33)。

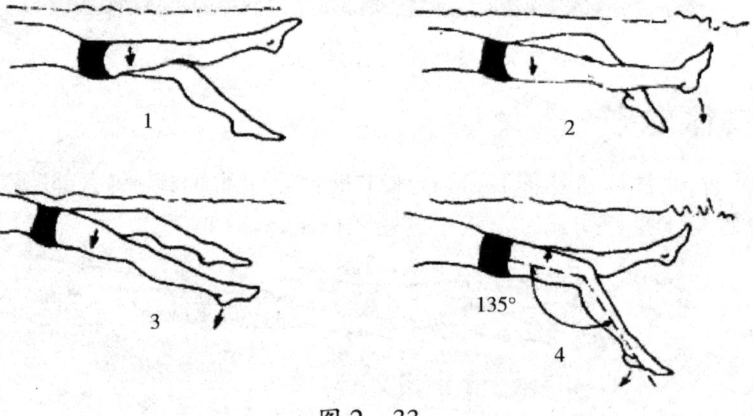

图 2－33

上踢是产生推进力的动作,需要用较大的力量和较快的速度来完成。当大腿上踢到一定高度,膝关节即将露出水面时,大腿结束向上移动,转为下压。而小腿和脚仍继续上踢,形成鞭状踢水动作(图2－34)。

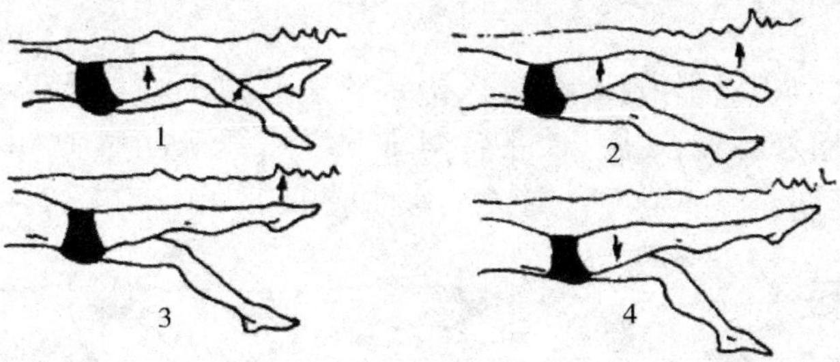

图 2－34

上踢动作要把握好尺度，膝关节、小腿和脚不能露出水面。踢腿的水花应像开锅的水，虽沸腾但不溢出。同爬泳腿一样，上踢时踝关节要伸直而不能勾脚。

三、手臂动作

仰泳手臂的划水动作是产生推进力的主要因素，划水技术的优劣直接影响游进的速度。仰泳水下的划水路线也近似“S”形（图 2－35）。

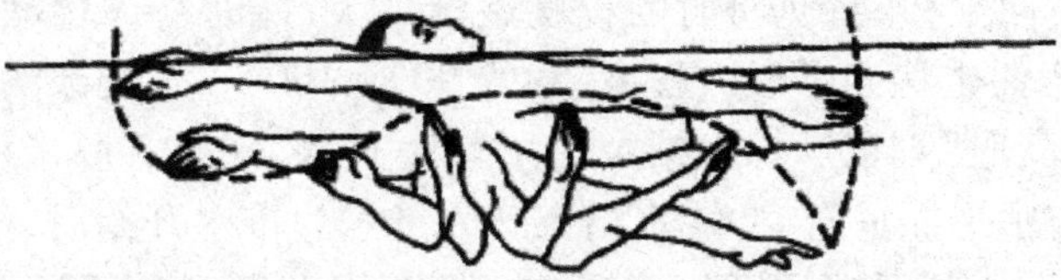

图 2－35

还记得自由泳的手臂动作吧，仰泳划水也可人为地分为：入水、抱水、划水、出水和空中移臂。

（一）入水

手的入水点应在肩延线或肩延线与身体中线之间，过宽会缩短划水路线，降低划水效果，过窄易使身体左右摇摆，增大前进的阻力（图 2－36）。

仰泳的入水应以小拇指领先，手掌朝外，臂擦耳际切入水，手掌与前臂形成一个 150°～160°的角（图 2－37）。手臂应伸直，肘关节不能弯曲，手同时向前、向下、向外 3 个方向运动。这个阶段几乎不产生推进力，主要作用是为后面的划水做好准备。

图 2－36

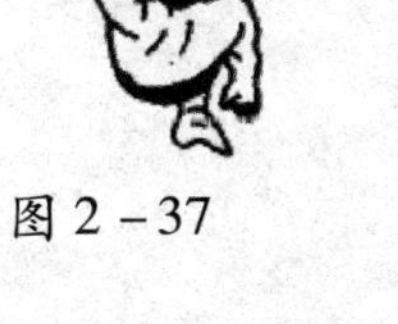

图 2－37

(二)抱水

手臂入水后应积极下滑抓水,转入抱水阶段。抱水时身体围绕纵轴的转动和积极伸肩,手臂向外旋转,屈腕,使手臂对准水并有压水的感觉(图2－38)。抱水结束时手掌距水面30～40厘米,肘关节弯曲成150°～160°(图2－39)。

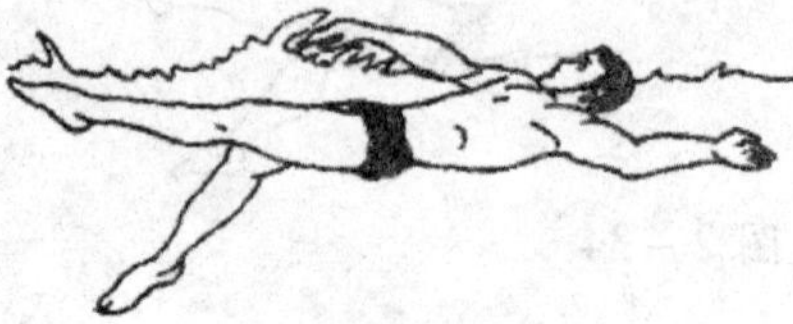

图2－38

图2－39

(三)划水

仰泳的划水动作是推动身体前进的主要动力。这个阶段也可分为两部分,前面为拉水,后面为推水。

拉水是在抱水的基础上进行的。随着身体绕纵轴继续转动,肘关节下降,手在向后划水的同时向上移动,使屈肘的程度逐渐加大,此时身体转动幅度达到最大,约45°,肘关节弯曲也达到了最大程度,约为90°～100°。与爬泳的高肘划水相似,我们称其为"倒高肘"划水。拉水结束时手掌距离水面约15厘米(图2－40)。当手臂划到肩下与水平面垂直时,拉水结束转入推水。推水开始后,手的移动领先于前臂和肘关节,手、前臂和上臂用力向后方推水,肘关节和前臂逐渐靠近身体。推水开始时手有向上的移动,当手上移至最高点时(距离水面约10厘米),前臂向内旋转,手掌朝后下方快速做鞭状推水动作(图2－41)。

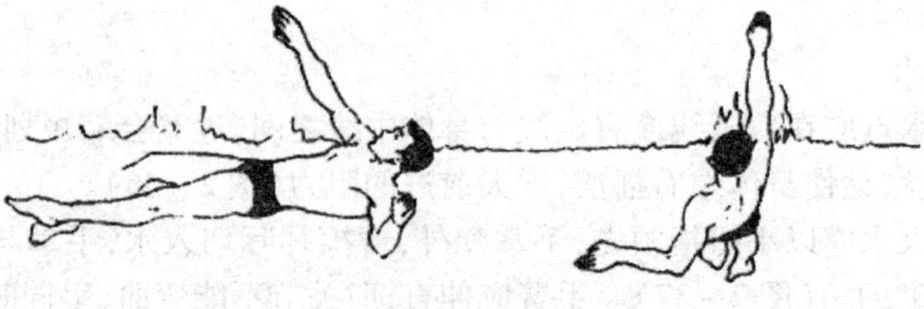

图2－40

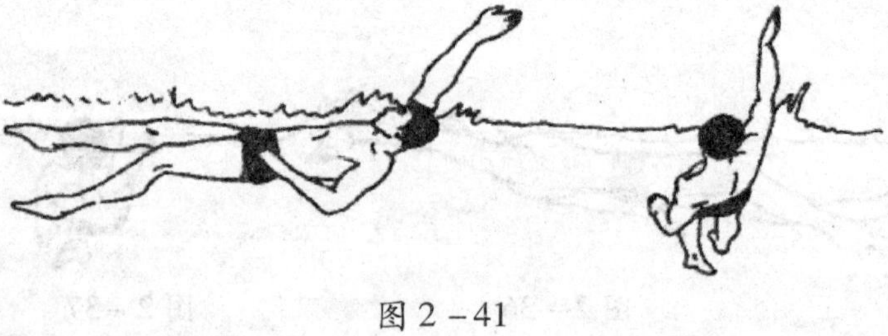

图2－41

推水结束时，手掌朝下，手臂伸直，手掌距离水面 40 ~ 50 厘米；身体也开始向另一侧转动，为出水做好准备。

（四）出水

推水完成后，借助手向下压水的反作用力和肩部肌肉的收缩手臂迅速提拉出水面。出水时手臂应伸直，先压水后提肩，使肩部首先出水，再带动上臂、前臂和手依次出水（图 2 – 42）。手出水以大拇指领先，这样阻力小，且手臂较自然放松。

图 2 – 42

（五）空中移臂

出水后，手臂应迅速直臂向肩前移动。移臂时手臂尽量在矢状面上移动，上臂应贴耳。手臂移过垂直部位后应向外旋转，使掌心向外，为入水做好准备（图 2 – 43）。

图 2 – 43

（六）两臂配合

游仰泳时两臂的配合最好采用中后交叉配合，即一臂入水时，另一臂推水结束，两臂基本处于相反的位置，以保证动作的连贯性和前进速度的均匀性。

（七）完整配合技术

由于仰泳比赛项目最长为 200 米，基本为短距离项目，现代仰泳技术中较常见的是 6 次打腿、2 次划臂、1 次呼吸的配合技术（图 2 – 44）。游仰泳时口鼻始终露出水面，呼吸不受限制，但为了避免呼吸不充分造成的动作紊乱，运动员一般保持一定的呼吸节奏。

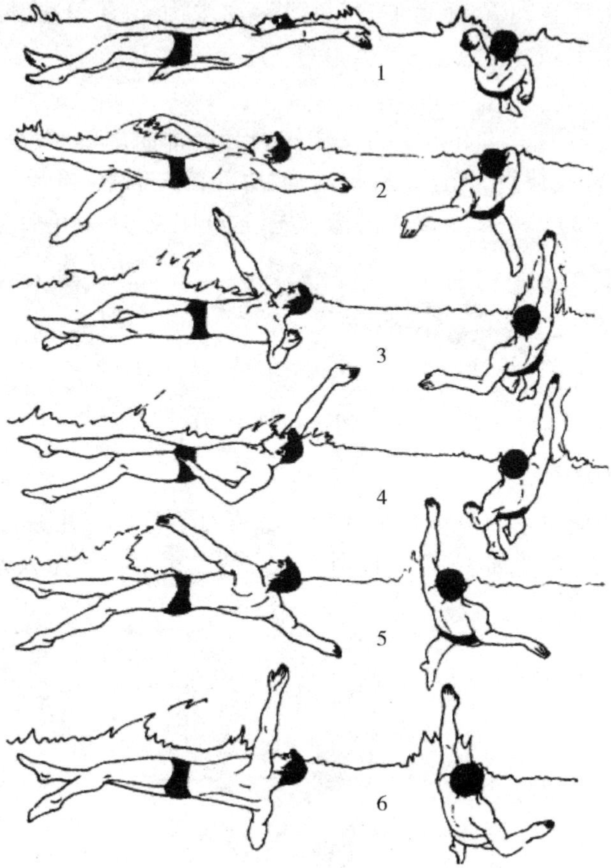

图 2－44

五、现代仰泳技术的特点

（一）身体位置高而平，身体围绕纵轴的转动非常协调，头位置稳定。

（二）虽然规则限制出发和转身后水下反海豚腿不能超过 15 米，但大家都很重视水下反海豚腿技术。

（三）划水更趋于入水远，抱水和拉水较深，划水效果突出。

（四）更注重完整配合的节奏感和合作用力感，特别是加速推水与快速打腿的合作用力。

第四节　蝶泳

蝶泳手臂动作的外形好像蝴蝶飞舞，所以被称为“蝶泳”。游蝶泳时，躯干和下肢的动作好似海豚在水中逐浪，因此又被称为“海豚泳”。可以说，蝶泳是各种游泳泳姿中最美的一种，它的美表现在蝶泳运动员需要将力量与柔美完美地结合起来，躯干协调腿的波浪动作，快速穿越在浪花之中。

蝶泳在4种竞技游泳是最年轻的一种泳姿，它是从蛙泳技术中派生出来的。开始的蝶泳实际上是手臂做蝶泳划水，而腿仍是蹬蛙泳腿的蝶式蛙泳直到1952年，蝶式蛙泳与传统蛙泳分开，成为两种独立的比赛项目，蝶式蛙泳改叫蝶泳。现在的蝶泳采用身体较平，波浪技术较小和不间断的打水技术。

图2－45

一、身体姿势

游蝶泳时，运动员身体各部分由于波浪动作形成上下起伏，没有固定的身体位置。两臂和两腿的动作在同一水平面内同时进行。腰部是游蝶泳时全身动作的枢纽，它在蝶泳游进过程中起着承前（上肢动作）启后（下肢动作）的作用。

游蝶泳时身体的上下起伏是受臂腿动作影响的，如向下打腿就会使臀部上升；空中移臂时身体失去平衡，就会使腿部下沉。身体的波浪动作有利于保持较高的身体位置和较好的流线型，也有利于腿、臂、呼吸的协调配合。小波浪技术较为科学，能够提高动作效率，而大波浪会使身体上下起伏太大，破坏身体前进的均匀性，并消耗过多的体力。

二、躯干和腿的技术

蝶泳腿和自由泳腿有相似之处，但蝶泳腿对蝶泳完整配合所起的作用大于自由泳腿。此外，蝶泳腿是从躯干发力，经过力的传递进行的鞭状打水，打水时屈膝的程度大于爬泳腿。蝶泳腿由向下打腿和向上打腿两部分组成，其中向下打腿是产生主要推进力的阶段，应用较快的速度完成。

向下打腿时，用大腿带动小腿，屈膝，踝关节伸直，用脚背对准水向下快速打水。脚的运动方向是向下和向后的，在小腿和脚向下打水还没有结束时，大腿应该已经开始向上打水，这样才能保证脚的鞭状打水动作。当小腿和脚继续向下打水到膝关节完全伸直，脚处于最低点时，小腿和脚在大腿的带动下开始向上打水，此时由于大腿已经在向上打水，臀部上升到水面，躯干与大腿形成约160°。随着小腿和脚继续向上移动，臀部开始下沉，大腿也随着下压，使膝关节弯曲，这个弯曲的角度随着大腿继续下移和脚继续上移而逐渐增大，直到臀部下降到最低点，而脚上移到最高点，即将露出水面时，开始快速向下打水，此时膝关节弯曲的程度最大，成110°～130°（图2－46）。

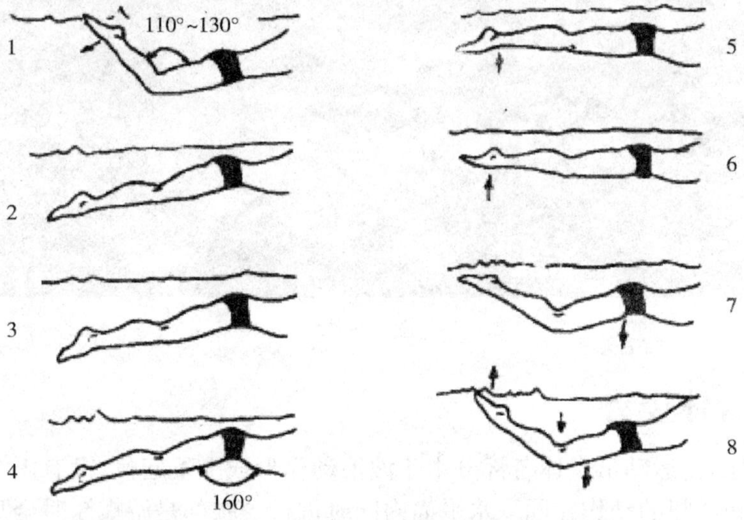

图2－46

蝶泳腿的鞭状动作，是由腰部发力，经过髋、膝、踝关节的动量传递，并且与躯干动作协调配合完成的，由于腰的质量大，大腿、小腿和脚的质量依次减轻，根据物理学的动量定理，脚就能获得最大的动作速度，再加上腿部的协同用力，脚的速度就会最大，而在游泳运动中，远端环节（即手和脚）的运动所起的作用远大于近端环节（如上臂和大腿），这是因为游泳的划水和打腿动作多是类似于圆周运动的动作，如仰泳划水类似于以肩为圆心，以手臂为半径的圆周运动，而上下打腿类似于以髋关节为圆心，以腿长为半径的圆弧运动。在这样的运动中，手和脚运动的运动速度最快。因此使手和脚获得最大的动作速度是提高推进力的关键。这也是4种姿势游泳的打水技术都要求鞭状打水，使脚获得最大动作速度的原因。

三、手臂动作

蝶泳手臂的划水动作是推动身体前进的主要因素。蝶泳的手部动作与自由泳类似，不同的是蝶泳两臂同时划水，而自由泳轮流划水。蝶泳划水可分为6个阶段，即入水、抱水、划水、推水、出水、空中移臂。

（一）入水

入水是划水的开始，其动作本身几乎不产生推进力。正确的入水位置应该在两肩的延长线上，太宽易使划水路线缩短，太窄不利于入水后迅速滑下和抱水。入水应以大拇指领先，斜插入水，然后前臂和上臂依次入水。入水时掌心朝向外下方，手掌与水平面约成45°（图2－47）。

图2－47

（二）抱水

臂入水后，手和前臂向外旋转，手臂同时向外、向后和向下运动，手臂有支撑住水的感觉，像是用手去抱一个大圆球，同时开始屈肘、屈腕，为下个阶段的划水做好准备（图2－48）。

图2－48

（三）划水

从划水开始，手臂转入向内划水。划水时，继续屈肘，并保持高肘姿势，手臂继续向外旋转，手同时向内、向上和向后划水，随着划水的继续，屈肘程度逐渐加大，手臂划到肩下时，肘关节屈至 90°～100°，继续向内划水，到两手之间距离最近时，划水结束，进入推水阶段（图 2－49）。

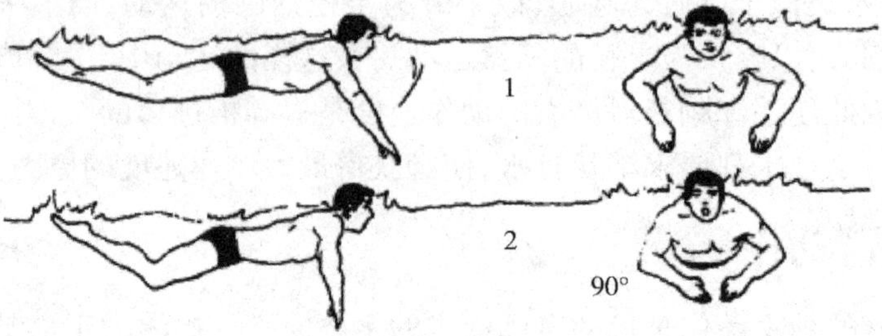

图 2－49

（四）推水

当两手距离最近的时候，就应该进入推水阶段了。推水时，手臂同时向外、向后和向上运动，手划到大腿两侧时，推水结束，转入出水（图 2－50）。

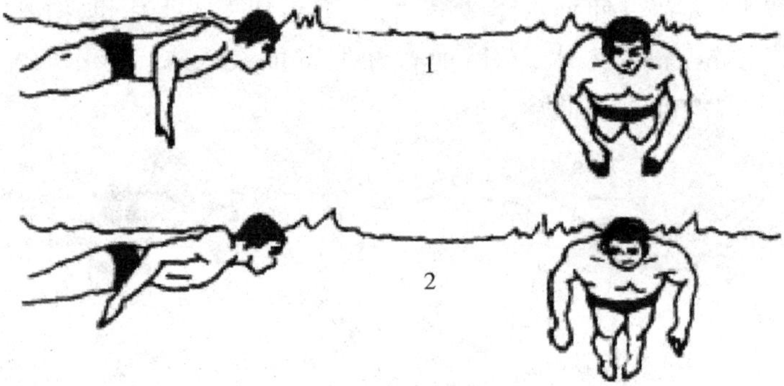

图 2－50

（五）出水

在向后推水尚未结束时，肘已经开始向上抬起，手推水结束时，利用推水的惯性，肘和肩带动手臂提拉出水（图 2－51）。

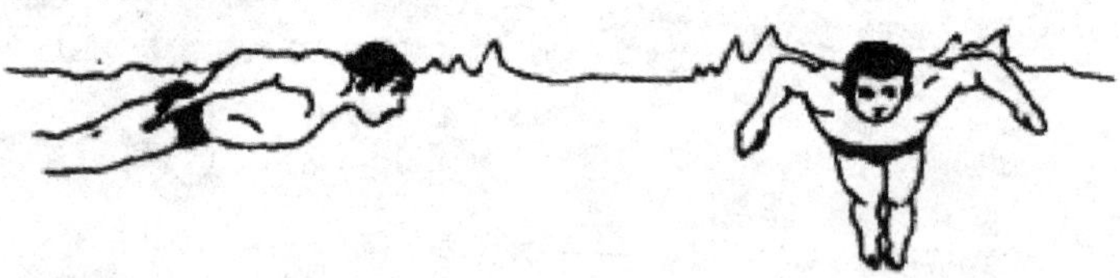

图 2－51

（六）空中移臂

出水后，在肩的带动下，手臂迅速从空中前移到头前，准备入水和下一个周期的动作。蝶泳移臂一般采用直臂姿势，以使手臂放松自然。要想轻松地完成移臂动作，需要灵活柔软的肩关节（图 2－52）。

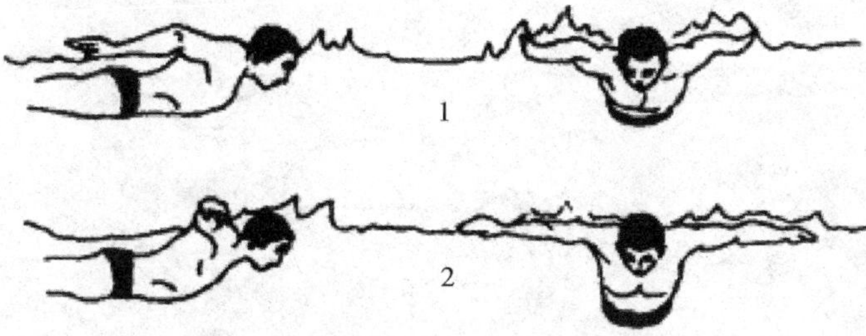

图 2－52

四、呼吸及完整配合技术

目前蝶泳运动员多采用 2 次打腿、1 次划水、1 次呼吸（2∶1∶1）的配合技术。蝶泳呼吸一般采用抬头吸气技术，但近年来也有人采用侧转头呼吸，目前抬头吸气仍是蝶泳呼吸技术的主流。高水平运动员一般采用晚吸气技术，即手臂推水时抬头，使口露出水面吸气，抬头幅度不要太高，口能露出水面即可，空中移臂时低头入水，低头一定要在手入水前完成（图 2－53－1）。

初学者可采用易于掌握的早吸气技术，即在划水一开始就抬头吸气，臂出水和移臂时低头入水。这种技术的不足之处在于易使上身抬起太高，增大阻力（图 2－53－2）。

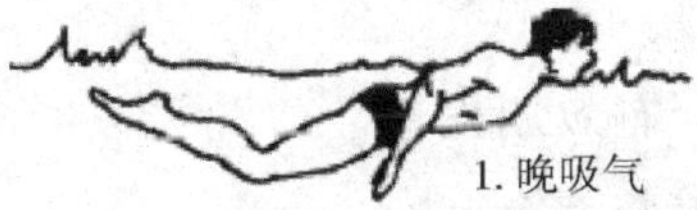

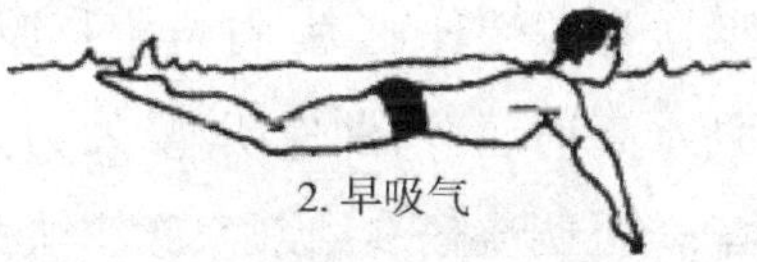

图 2－53－1　　图 2－53－2

臂腿配合时机是臂入水时打 1 次腿，臂划水至腹下时打第 2 次腿（图 2－54）。

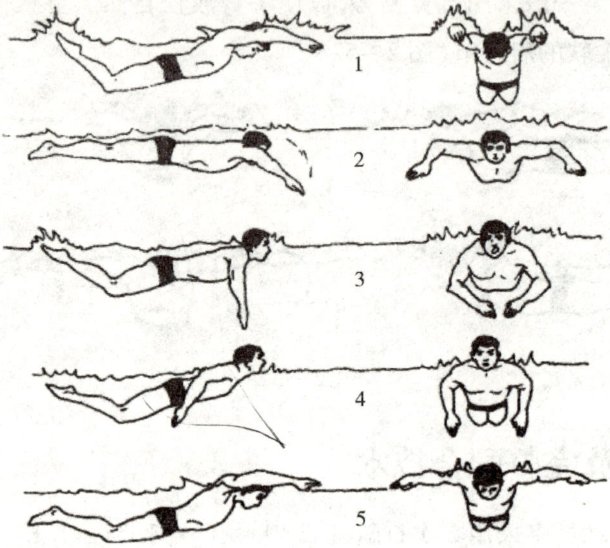

图 2－54

臂腿的配合有不同的方式，有的运动员第一次腿轻，第二次腿重；有的正好相反；还有的采用两次均匀打水，目前世界优秀蝶泳运动员多采用前轻后重或均匀打水技术。

五、现代蝶泳技术特点

（一）身体位置高，波浪小，重心平稳。

（二）两次打腿快速有力，符合鞭打原理。

（三）划水高肘屈臂，加速明显，发力点早，有效划程长。

（四）配合协调流畅，呼吸晚，频率快，节奏感强。

（五）不同距离采用不同的技术，100 米强调发挥腿部力量，注重动作实效；200 米划水频率较快，动作省力，打水幅度小。

第五节　出发技术

出发是游泳比赛的开始，比赛中，除仰泳在水中出发外，其他泳式都在出发台上出发。

图 2－55

一、出发台出发技术

出发台出发由预备姿势、起跳、腾空、入水、划行 5 部分组成。根据预备姿势的不同可分为摆臂式、抓台式和蹲踞式；根据腾空和入水的不同可分为平式入水和洞式入水。目前最常见的出发技术是抓台式出发，在接力比赛中运动员常用摆臂式出发技术。

(一)抓台式

1. 预备姿势(各就位命令以后)

两脚平行站立，脚间距与髋关节同宽，上体前屈，膝关节弯曲到 130°～140°，两手抓住出发台的前沿或侧沿，臂伸直略放松(图 2－56)。

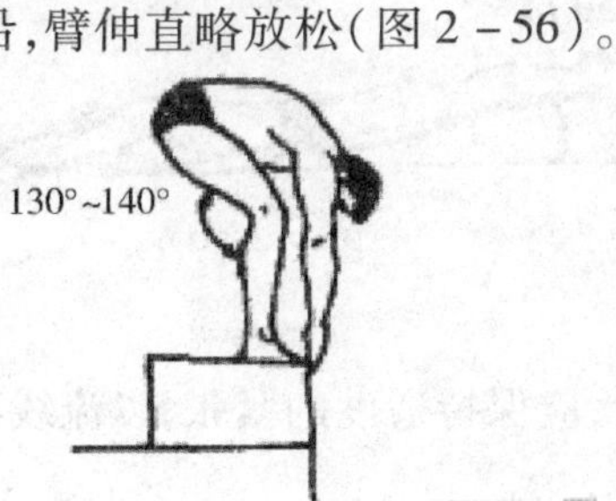

图 2－56

2. 起跳(枪声或笛声以后)

出发命令发出后,两臂屈肘向上提拉,使身体向下,头和上体贴大腿,抬头把重心前移,有即将落入水中的感觉。当膝关节弯曲成约 90°时,伸髋伸膝,双臂前摆,两脚蹬离出发台,上体与水平面几乎平行(图 2 -57)。

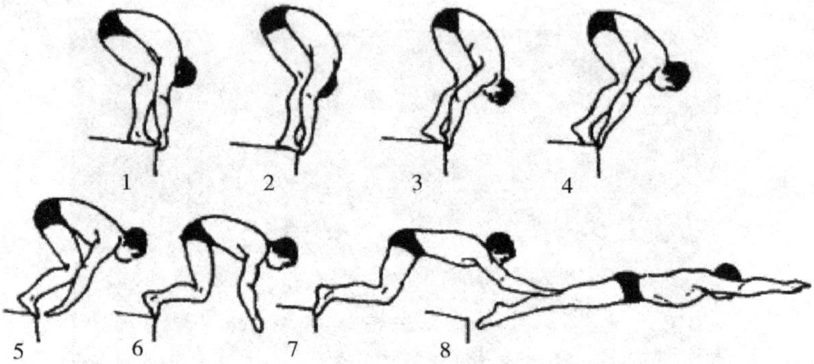

图 2 -57

3. 腾空

手臂前伸并拢,头略低,全身伸展成较好的流线型,身体与水平面成锐角(图 2 -58)。

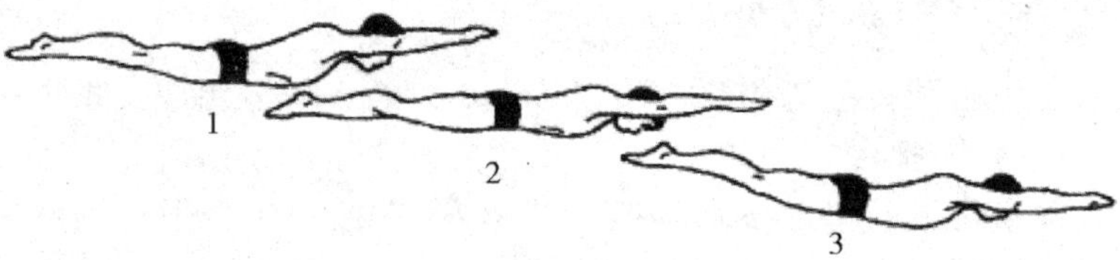

图 2 -58

4. 入水

由手领先入水,然后臂、头、躯干、下肢依次入水,入水尽量不要激起太大的浪花,以免增大阻力(图 2 -59)。

图 2 -59

5. 滑行和起游

身体完全没入水中后,应保持适度的紧张,以流线型姿势滑行到速度开始下降时开始起游。

(二)摆臂式

1. 预备姿势

两脚平行站在出发台上，脚间距与髋关节向宽，脚趾扣住出发台前沿，身体前倾，重心稍降低，两膝屈成165°～170°，同时两臂自然下垂，掌心向后。身体重心应放在两脚的前脚掌上（图2－60）。

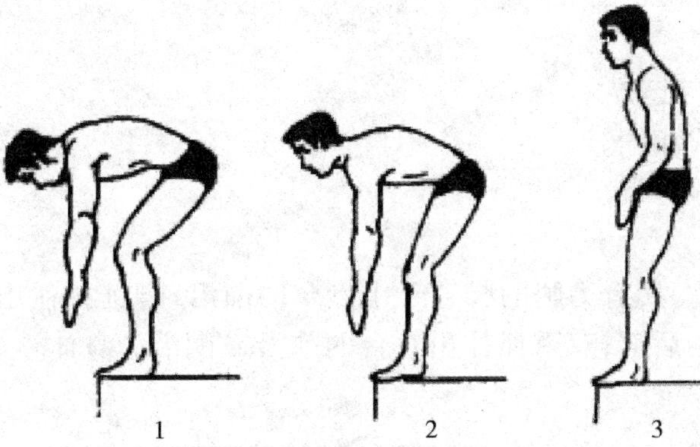

图2－60

2. 起跳

出发命令发出后，两臂先向前上方摆动，使身体向前倒，随着低头和屈髋屈膝手臂转入向后上方绕环，随着手臂继续向后绕环，提脚后跟，身体继续前倒，当手臂开始转入向前绕环时，伸髋伸膝，借助手臂向前摆动的惯性，腿用力蹬离出发台（图2－61）。

图2－61

3. 腾空

摆臂式出发的起跳角度大于抓台式，腾空时身体重心高于抓台式，腾空的距离也远于抓台式(图 2 – 62)。

图 2 – 62

4. 入水及滑行起游

基本与抓台式相同。

(三)蹲踞式

1. 预备姿势

两脚前后开立,用有力腿的脚置于出发台的前沿,脚趾扣住出发台的前沿,另一腿立于出发台的后部,双手抓住出发台的前沿或侧沿。身体重心的位置低于抓台式(图 2 – 63)。

图 2 – 63

2. 起跳

出发命令发出后,两手迅速推台沿,同时后脚用力蹬台,两臂前摆,前脚用力蹬台,起第二次加速前冲的作用(图 2 – 64)。

图 2 – 64

3. 腾空、入水及滑行起游

基本与抓台式相同,但蹲踞式出发的腾空高度和腾空距离都小于抓台式。

(四)洞式入水技术

洞式入水是 20 世纪 70 年代兴起的一种入水技术,也叫一点入水,其特点是入水时,手、头、躯干、腿依次从一个较小的范围内入水,好像钻进一个洞里。洞式入水的起跳角度要大于平式入水,腾空时靠低头、提腰和向上摆腿,使入水角度增大,身体从一点入水(图 2－65)。在现代竞技游泳比赛中较为流行,一般采用抓台洞式出发技术。

图 2－65

二、仰泳出发技术

规则规定仰泳必须从水中出发,并且身体要保持仰卧姿势。由于在水中出发,仰泳出发的速度和远度都不如出发台出发。

(一)预备姿势

面对池壁,两手同肩宽,握紧扶手器,两臂自然放松,两腿屈膝收向胸前,两脚分开并用脚掌抵住池壁,脚趾不能露出水面。听到“各就位”的命令后,两臂立即把身体从水中拉起,使身体大部分升出水面,并低头团身(图 2－66)。

图 2－66

(二)起跳

枪响后,双手下压,髋关节和膝关节伸展,把身体向上拉起．使臀部露出水面。同时头向后仰,两腿用力蹬池壁;当两腿刚刚完全伸直时,用脚快速蹬离池壁,此时两臂摆到头前,身体伸展成流线型(图 2－67)。

图 2－67

(三)腾空、入水、滑行和起游

仰泳出发的腾空姿势应为反弓形,即采取昂首挺胸、全身伸展的姿势,身体尽可能露出水面,以减少阻力。手领先入水,入水后身体保持流线型姿势在水下滑行,当滑行速度开始下降时打仰泳腿,当身体浮出水面时开始划水(图 2－68)。

图 2－68

三、转身技术

转身是比赛的一部分,比赛距离越长,转身就越重要,高水平运动员转身技术对比赛成绩的影响是举足轻重的。

(一)自由泳的转身技术

1. 平转身

平转身是很好掌握的一种转身技术,虽然转身速度慢,但适合初学者学习。以游泳者右手为例,手触壁后屈肘、抬头,身体从俯卧姿势向直立姿势转变,并逐渐屈膝团身,靠近池壁;接着手臂向左用力推池壁,同时身体绕纵袖旋转约 180°,继续屈膝使两脚掌抵住池壁;然后两手前伸,低头没入水中,两腿用力向后蹬池壁,身体呈俯卧姿势以流线型蹬出滑行(图 2－69)。

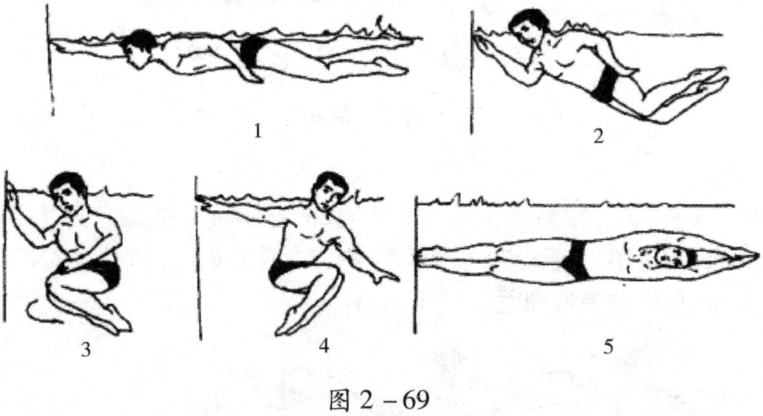

图 2－69

2. 摆动式转身

摆动式转身速度快于平式转身,也是一种比较简单动作,下面以右手为例讲解一下摆动转身的过程。右手掌在水面处触池壁,接着屈肘,团身屈膝,使身体逐渐靠近池壁,同时身体继续向左转动成侧卧姿势;随着继续收腿,身体开始向左转动,头和肩露出水面，两腿靠近池壁；随着肘关节继续弯曲，右手用力推池壁，借其反作用力向左摆头，同时右手从头上方向回程方向摆动，左手在水下由下向上拨水，头和身体没入水中，两脚一上一下抵住池壁，并用力向后蹬出，此时身体仍处于侧卧位置，在滑行过程中身体绕纵轴向右转动成俯卧姿势（图 2－70）。

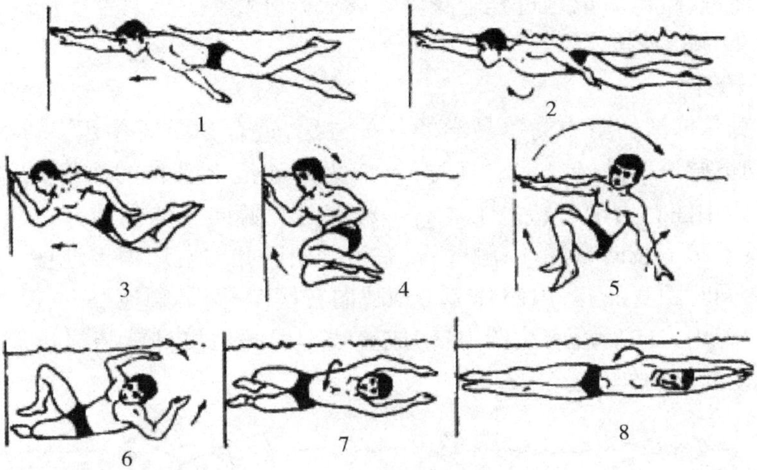

图 2－70

3. 前滚翻技术

前滚翻技术比较复杂，在该滚翻中又包含转体，因此不易掌握。较为简单的一种转身方式是先翻后转，即在游近池壁时身体先做前滚翻，成仰卧姿势蹬出，在滑行过程中再转动俯卧姿势。

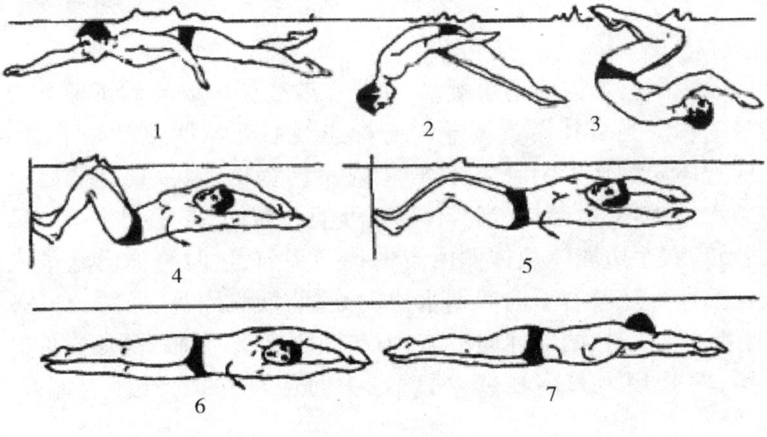

图 2－71

开始滚翻时一般来说当头与池壁之间的距离与身高相近时，做最后一次划水动作，使两臂划到体侧，借助向后划水的速度和反作用力低头，两手掌向下，两腿并拢屈膝做一次海豚腿帮助臀部向上提起，两手下压；当翻转到臀部的位置超过头部时，一手向头部划水，另一手做小幅度的环行划水配合身体转动，此时应团身，屈脚，两脚从水面上向后甩向池壁，两脚的位置一高一低，双手在头前并拢前伸，两腿用力蹬离池壁；蹬出后滑行过程中身体转成成俯卧姿势。

（二）仰泳转身技术

1. 平转身

平转身是仰泳转身中简单易学的一种方法，适合初学者使用。以右手触壁为例，当运动员游过仰泳转身标志线时（一般为游泳池上悬挂的旗绳，距离转身端5米），就要集中注意力准备转身了。右手触壁时应偏向头的左前方，头和肩向左摆动，带动躯干和下肢向右摆动；触壁后，右手臂屈肘并向右用力推池壁，帮助头和肩向左转动，同时团身屈膝，以髋关节带动腿向右摆动；两脚触池壁后，两臂在头前并拢伸直，两腿用力向后蹬离池壁，身体成流线型滑行后接仰泳腿或反海豚腿，头露出水面后接划水动作（图2－72）。

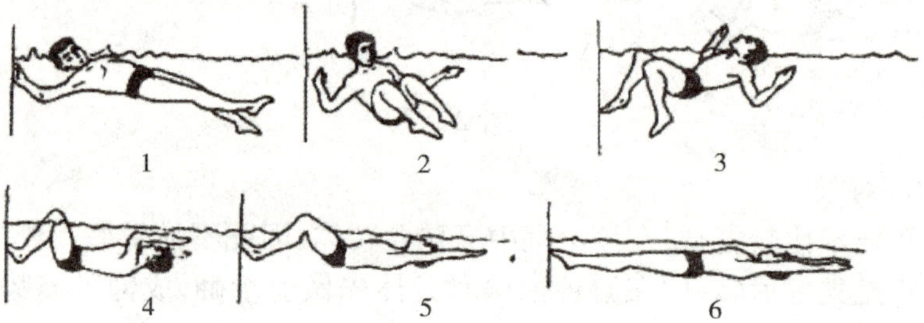

图2－72

2. 前滚翻转身

现在的前滚翻已不需要用手触壁，而是在改变仰卧姿势后迅速前滚翻，以脚蹬壁完成转身动作。当身体游过仰泳转身标志线后开始调整动作节奏，准备转身。在前翻之前身体先翻转为俯卧姿势，以向左翻转为例，右手划完最后一个动作后，左手一边划水，身体一边翻转，当身体转过垂直位置时，左手划水基本结束，此时身体边继续翻转，右手边屈体从体侧由空中移到头前，这时身体已基本成俯卧位，接着进行滚翻动作。随着右手向后划水协助滚翻，低头团身、屈膝，身体向前做正滚翻，当两腿甩向池壁时，两臂伸向头前，脚掌抵住池壁、屈膝，身体成仰卧位置，然后身体稍下蹲，两脚用力蹬离池壁，两臂在头前伸直并拢，身体成流线型滑行（图2－73）。

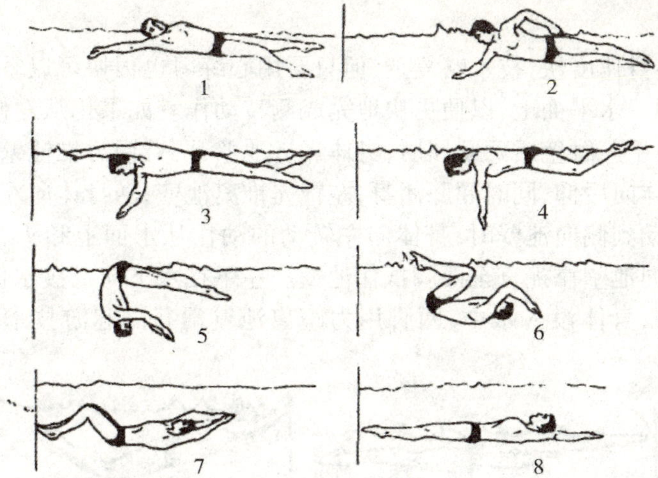

图 2 – 73

(三)蛙泳蝶泳转身技术

1. 平转身

与爬泳、仰泳的平转身一样，蛙泳和蝶泳的平转身动作也简单易学。游近池壁时，蛙泳的最后一次动作最好是蹬腿结束，双手正好伸向前方触壁；蝶泳最好是移臂结束或即将结束。触壁时双手应同时并在同一水平面上。如果从左侧转身，触壁后双臂同时屈肘，身体向池壁靠拢，右手向左用力推池壁，使右臂屈肘的程度加大，并协助身体向左转动，转动的同时应团身屈膝，两臂在水面上或水面下随身体的转动屈臂摆；当小腿转动到双脚抵住池壁，双手前伸，低头团身，身体从水面下蹬离池壁滑行。当滑行速度开始下降时，蛙泳开始长划劈动作，蝶泳开始打腿(图 2 –74)。

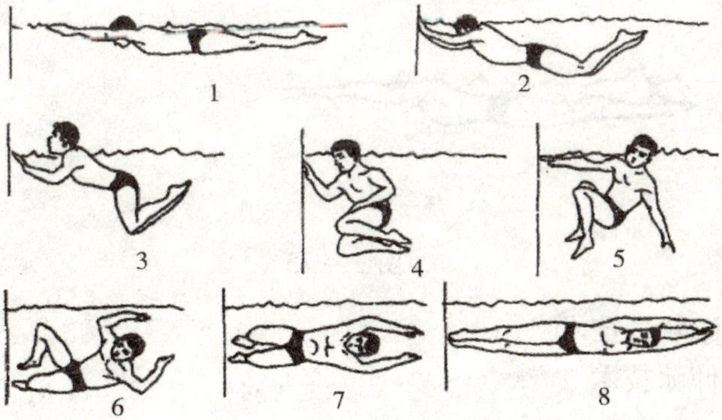

图 2 – 74

2. 摆动式

摆动式转身速度快，技术略复杂，但只要用心练习也很快可以掌握。触壁时双手可以不在同一水平面上，以便更快地完成侧转动作。如果仍从左侧转身，触壁时左手可低于右手。触壁后两臂屈肘，身体靠近池壁，两臂用力推池壁使头和肩露出水面，并使上体向后仰，同时屈膝团身，左臂先推离池壁，随身体向左转动而摆到胸前，当身体转动到侧向池壁时，身体向左转动的动作从水面上和头、肩一起往回摆动，两腿继续向池壁靠拢直至两脚抵住池壁。左手在水下向上拨水促使身体下沉，之后低头团身，身体没入水中，两脚用力蹬离池壁滑行。起游技术与平转身相同(图 2 ~75)。

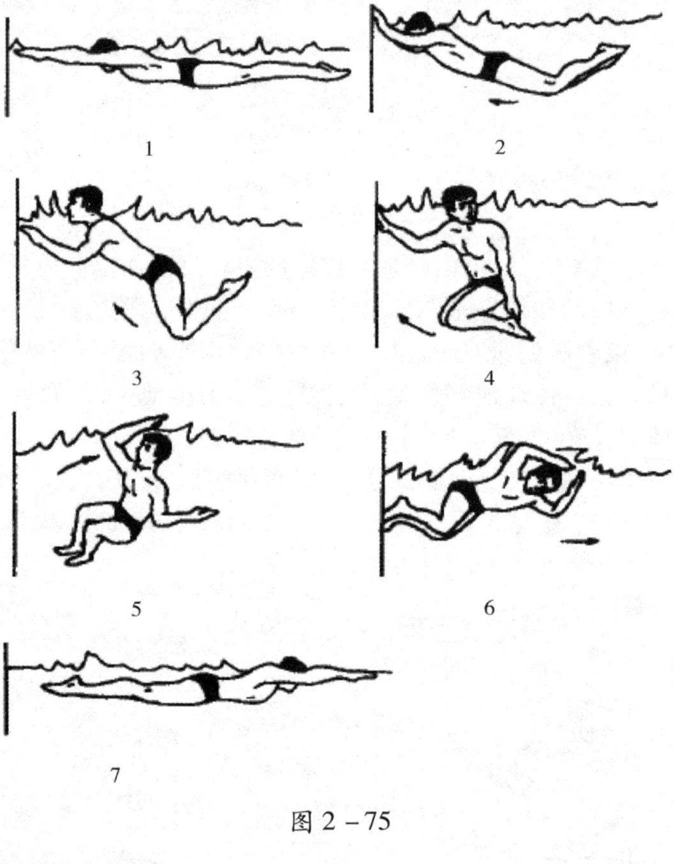

图 2 －75

(四)混合泳转身技术

1. 蝶泳转仰泳技术

图 2－76

2. 仰泳转蛙泳技术

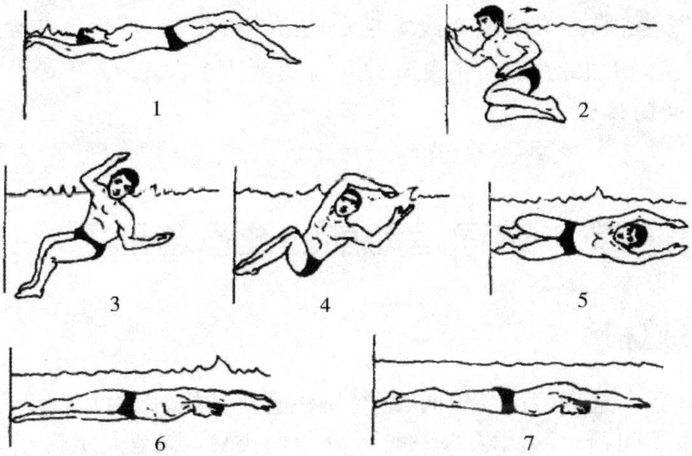

图 2－77

3. 蛙泳转自由泳技术

蛙泳转自由泳与蛙泳转身的要求和技术基本相同，只是在转身后蹬出和滑行的深度要浅一些，以便接自由泳打腿和配合。

第三章

游泳运动快乐速成途径

上一章介绍了游泳运动的基本技术动作,本章将提供一种独特的学习游泳的方法,而这恰是教科书经常忽略的一种方法。游泳很容易,始终有一个主线贯穿在里面,任何一个动作练习方法都让你在快乐中完成,而不是让你练得筋疲力尽。来吧,下面给你一种全新的体验。

第一节　游泳运动前的准备与熟悉水性

一、游泳环境

游泳爱好者在选择游泳环境时,应特别注意水环境,因为水环境关系到你的安全和游泳卫生等问题。游泳场所一般可分为两类:一类是人工修建的游泳池(图3-1),另一类是江、河、湖、海等天然领域。一般来说,人工游泳池相对来说在管理、安全和卫生等方面的问题更容易得到解决,天然水域在安全、卫生等方面问题较多。因此,到游泳馆中应遵守游泳馆的规定;在选择天然水域作为游泳场所时要注意水深,水的清洁及防止鱼类和其他动物的伤害。

图3-1

二、游泳装备

初学者参加游泳运动之前都必须做好物质上的准备，这样才能使你活动的过程中得心应手，这些设备对避免危情，保持健康均有益处。

（一）游泳衣、游泳裤与游泳帽

女子游泳专用服装，泳衣必须合体，表面光滑。游泳竞赛规则规定：比赛时游泳衣必须为深色（或略带花纹）的上下连体泳衣。平时参加游泳锻炼，选择一些比较活泼的颜色与样式，这样可以增加美感（图 3－2）。

男子游泳专用服装为三角裤或长裤，其质地多为棉或化纤材料，正式比赛运动员必须穿深色（图 3－3；图 3－4）。

游泳帽，瓜型，用化纤织物或薄乳胶制成，要求表面光滑。其作用可以减少波浪的阻力和保护头发，同时也是为了保持游泳池的卫生。帽两侧略长，盖紧耳部，减少水对耳的压力和震动（图 3－5）。

图 3－2

图 3－3

图 3－4

图 3－5

（二）游泳眼镜与耳塞和鼻夹

专业游泳眼镜镜片是使用内冲击性优良的聚碳酸酯材料，接触脸部的镜圈是使用矽橡胶材料，所以接触柔软而防渗水。其作用是保护眼睛，避免水中细菌感染眼部，防止眼科疾病。另一个作用是可以看清人体在水中的位置和水中的其他物品（图 3－6）。

耳塞可以防止水浸入人的耳朵，可避免初学者对水进入耳朵不适应而造成听觉障碍。鼻夹的作用可以避免人在游进时，由于呼吸方法不当，而产生呛水、咳嗽等现象（图 3－7）。

图 3 -6

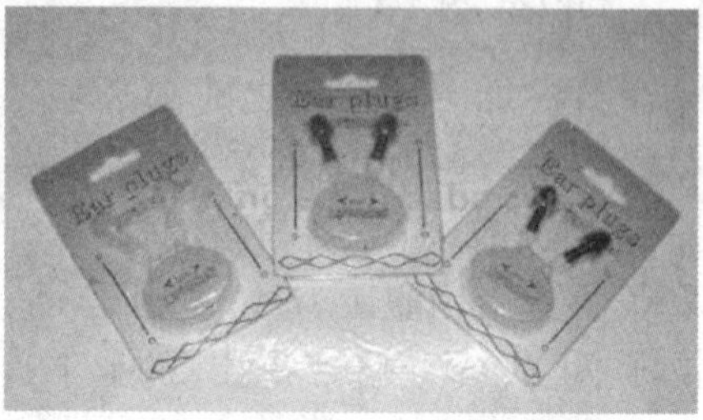

图 3 -7

（三）划水板、浮板与脚蹼

划水板是提高划水力量的专业训练器材，一般为游泳运动员训练中使用（图 3 -8）。

浮板是学习游泳，进行各种练习所使用的器材。最常见的有三角型、盾型等（图 3 -9）。

脚蹼是现在游泳运动员常用的训练器材。它可以帮助运动员增加腿部力量，对脚踝部位的练习也非常好（图 3 -10）。

图 3 -8

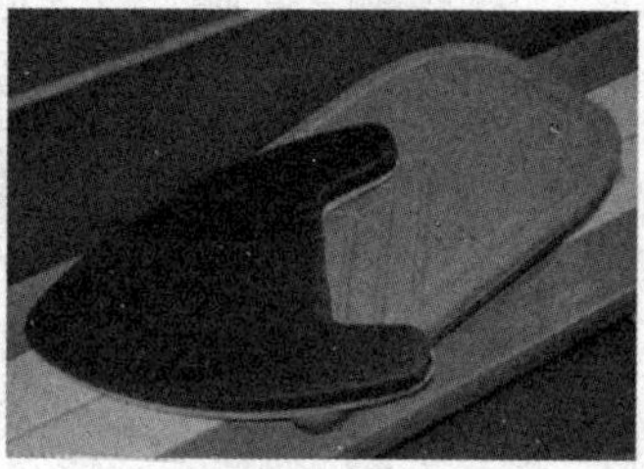

图 3 -9

图 3 -10

（四）包及洗浴用品

游泳后洗浴洗发水及沐浴露是不可少的，这样能及时消除身上细菌，还有快速擦干身体的鹿皮巾与装上面装备的一个运动包也是必不可少的（图 3 -11；图 3 -12）。

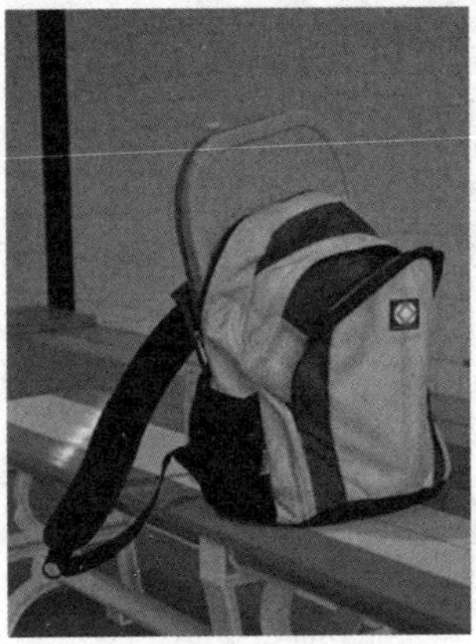

图 3－11

图 3－12

三、准备活动

入水前的热身运动与任何体育运动都一样，练习前，需要做好热身运动，尤其是游泳更要认真做准备。游泳前做热前运动的主要目的是放松身体、活跃肌肉，使身体在进入比自己体温低的水中时不会紧张僵硬。下面就介绍一套热身运动，以供参考。这套针对游泳运动创作的体操，以活动身体各个关节和拉伸肌肉韧带为主。

（一）颈部运动

两脚左右分开站立，两手叉腰，头部向前、后、左、右转动，再做头部绕环动（图 3－13～3－17）。

图 3－13

图 3－14

图 3－15

图 3 - 16

图 3 - 17

(二)扩胸运动

两脚左右分开站立,两臂在胸前屈臂后振,然后两臂经胸前伸展,手心向上成侧平举,直臂向后振,后振时要挺胸,还原后再重复做(图 3 - 18;图 3 - 19)。

图 3 - 18

图 3 - 19

(三)肩绕环

两脚开立,两臂同时向前、向后做绕环功作(图 3 - 20 ~ 图 3 - 23)。

图 3－20

图 3－21

图 3－22

图 3－23

（四）腰部运动

两手叉腰，髋关节向左、向右做旋转运动（图 3－24；图 3－25）。

图 3－24

图 3－25

（五）膝部运动

两脚开立，手扶膝关节向左、向右、向里、向外转动（图 3－26 ~ 图 3－29）。

图 3 – 26

图 3 – 27

图 3 – 28

图 3 – 29

（六）压腿运动

左脚向前跨出一步，膝盖向前弯曲，两手撑扶左膝盖，右腿向后伸直，上体做上下振动的正压腿动作，然后两腿交换。也可以练习侧压腿（图 3 – 30；图 3 – 31）。

图 3 – 30

图 3 – 31

（七）腹背下蹲运动

两脚分开与肩宽，两臂同时向上向后摆动，然后上体向前弯曲，两臂随着向下摆动，手掌心最好是碰到地面，接着屈膝下蹲，还原后重复做（图 3 – 32 ~ 图 3 – 34）。

图 3－32

图 3－33

图 3－34

（八）拉伸韧带运动

两脚并拢，两臂在颈后上举伸直，提脚后跟并且肩尽可能向上伸展（图 3－35；图 3－36）。

图 3－35

图 3－36

游泳前，可按照以上方法做好热身运动。

四、熟悉水性

不会游泳的人，初次到齐胸深的水里，往往会感到呼吸急促、心跳加快、站立不稳和行动困难，有时会身不由己地漂浮起来，所以熟悉水性是快乐练习重要的第一课。通过以下方法练习时，可以使你尽快消除怕水心理，掌握水中呼吸、漂浮和站立等方法，为以后学习各种泳姿打下基础。练习时，应从第一项开始逐步深入。

（一）坐在池边踢水

固定腰部，如果学蛙泳，勾起脚尖上下踢水；如果学仰泳则绷着脚尖上下踢水（图3－37）。此项练习的目的是使初学者感到溅水花很好玩，提高少儿对水的兴趣，更容易掌握动作的技术要领。

（二）趴在岸边洗脸

身体在岸上，肩部在泳池边缘，用两手洗脸（图3－38）。这个时候，应该注意用口吸气，口鼻呼气。如果用鼻子吸气，会造成呛水。不过第一天下水练习时可先采纳口吸气和张口呼气的方法，待对动作熟练掌握后再采取用口吸气和口鼻呼气的方法完成呼吸动作。

图3－37

图3－38

（三）进入水中

1. 使用台阶入水

如果你在水中感到不自在，那么在进入游泳池的时候使用台阶，在下台阶之前，检查一下台壁上的水深符号，抓住扶手，慢慢而小心地倒退走下台阶，直至脚触及池底（图3－39）。

2. 池边入水

在浅水区边面朝水坐下，手撑池边缓慢扭转身体，放松入水，臂部要有力，以支撑身体（图3－40）。

图3－39

图3－40

(四)扶池边行走和水中行走

1. 扶池边行走

如果游泳池的水面和池边平行可以采用这种方法练习,即使是最怕水的人也敢下水练习。以双手抓住池边,两臂稍有弯曲,双腿尽量向后伸展,肩部始终埋在水下,漂浮起来的位置越高越好。要呼吸均匀,肩部放松,顺着池边向左、向右爬行(图3-41)。

2. 水中行走

由于水的阻力比空气大,所以在水中走动是比较困难的。在水中行走时,膝盖应该稍直,两臂可以在身体两侧维持平衡,使前进速度增快。此练习适宜于浅水进行(图3-42)。

图3-41

图3-42

(五)学呼吸

有人说:"不会呼吸,就不会游泳。"这有一定道理。在水中,不会呼吸就不熟悉水性。就会永远害怕水。人在水中的呼吸方式是与陆地上不同的,在游泳时不能像陆上那样用鼻子吸气。

1. 陆地上练习

初学时,张口用力吐气,然后用口快速吸气,待熟悉动作后再用口鼻呼气,嘴吸气。

注意,我们这里讲的呼吸方式是为了初学蛙泳而准备的;自由泳、仰泳、蝶泳的呼吸方式原理相同,动作略有区别,以下会有讲解(图3-43;图3-44)。

图 3－43

图 3－44

2. 站立练习

（1）闭气：站在浅水的地方，两手抓住池边，或扶着同伴的手，张口吸足一口气后把嘴闭上，将脸和肩部没入水中。闭气的时间要一次比一次长。

（2）抬头呼吸：当闭气动作完成并在水下停留一段时间后，再抬头做吐气动作。抬头时，肩部不要抬起过高，张嘴用力吐气，并快速吸气，然后再低头浸入水中重复练习。练习时，眼睛应始终是睁开的，这样才能辨别方向和水位。

图 3－45

图 3－46

（3）漂浮练习

图 3－47

①抓边练习呼吸：动作同上，只是低头浸入水中闭气时，收腹放松，两腿向后伸直并拢。抬头换气时，双脚不要踩地。此时双腿略有下沉也是正常现象，当吸完气后再低头入水闭气时，身体自然会飘上来（图 3－47）。此项练习连续完成的动作次数越多越好。

②扶板练习呼吸：手抓打水板练习，令

人感到安全,易于掌握技术要领。先手抓打水板,站立练习呼吸,然后手抓打水板,漂浮起来练习呼吸(图3－48;3－49)。漂浮练习时,两手要轻抓浮板,收腹放松,肩部没入水中,双腿伸直并拢呈漂浮状态,做抬头呼吸、低头闭气动作。动作连续完成的次数越多越好。

图3－48

图3－49

(六)滑行

蹬池边滑行练习:两脚前后开立,两臂前上举抓好打水板(图3－50)。深吸气后上体前倒并屈膝,当头、肩浸入水中时前脚掌用力蹬池底,随后两脚并拢,使身体成流线型向前滑行(图3－51)。

图3－50

图3－51

第二节　蛙泳技术快乐速成途径

蛙泳技术比较复杂。因此,蛙泳教学中要抓住基本技术,其中腿动作是基础,呼吸动作是关键。蛙泳学习按腿、臂、臂腿配合及完整配合的顺序进行。

一、腿部动作练习方法

[练习目的]掌握蛙泳腿的动作,为学习蛙泳配合动作打基础。

[练习重点]翻脚和蹬夹水的动作路线。

[练习难点]翻脚和蹬夹动作。

[练习要求]蛙泳腿的动作是推动身体前进的主要动力,是掌握蛙泳技术的基础。在教学中要抓住收、翻、蹬夹和滑行4个环节。在腿的一次动作中,要求收腿正确,翻脚充分,蹬夹连贯,滑行放松。在动作节奏上,强调收腿时要慢而放松,蹬腿时要快而有力。

[练习方法]

(一)陆上模仿练习

1. 坐撑模仿蛙泳腿动作:坐在池边或凳上,上体稍后仰,两手体后撑,两腿伸直并拢,髋关节展开,做蛙泳的收(腿)、翻(脚)、蹬夹(水)、停的动作,先按口令分解练习再过渡到完整连贯动作(图3-52~3-56)。

图3-52

图3-53

图3-54

图3-55

图3-56

要求如下:

收——大腿带小腿,边收边分。

翻——向外翻脚,脚的蹬水面对推水,膝稍内扣。

蹬夹——向后弧形蹬夹水。

停——两腿并拢伸直放松停一会。

做此练习时，要求练习者先用眼睛看腿部动作是否正确。一般初学者对翻脚动作很不习惯，因此要强化这个动作，体会翻脚时的肌肉感觉。动作基本正确后，再要求闭服，边想动作要点，边做模仿动作。

2. 俯卧凳上做收、翻、蹬夹、停的动作：先分解做，再连贯起来做腿的完整动作，要求边想边做，也可由同伴帮助体会和纠正动作，重点体会翻脚和脚蹬夹的路线及动作节奏（图 3－57～3－61）。

图 3－57

图 3－58

图 3－59

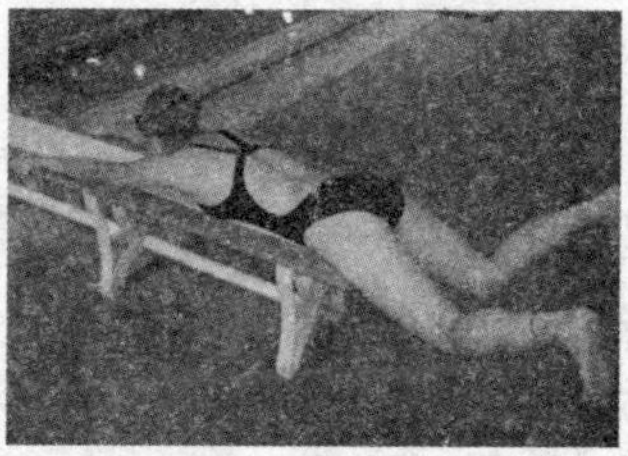
图 3－60

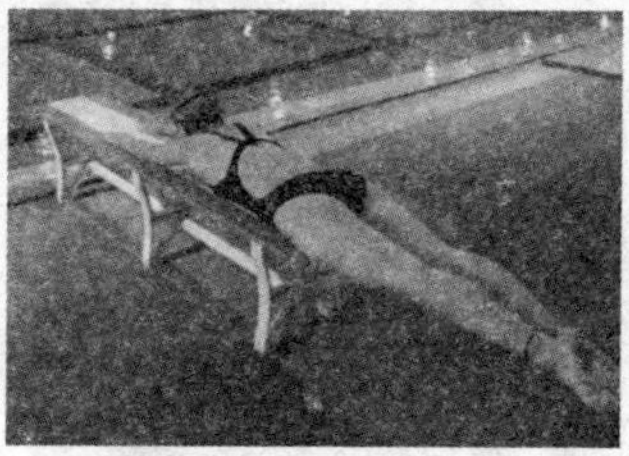
图 3－61

（二）水中练习

1. 固定支撑做蛙泳腿的练习：躯干趴在岸上，下肢浮于水中，髋关节展开两腿放松伸直并拢，做收、翻、蹬夹、停的动作，先分解再连贯起来做（图 3－62～3－66）。

图 3－62

图 3－63

图 3－64

图 3－65

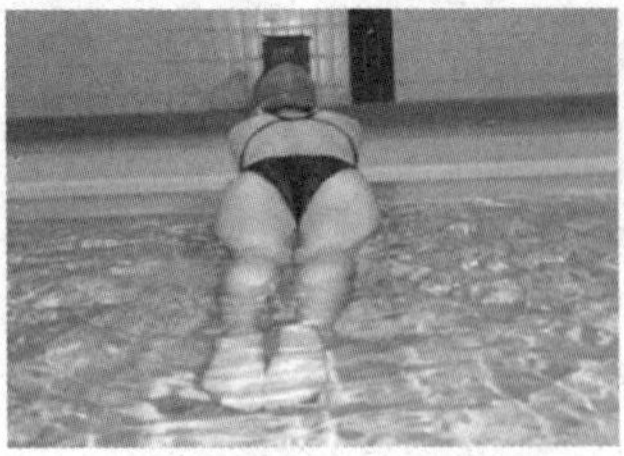

图 3－66

除陆上模仿的要求外，在水中要强调以下几点：

收——放松慢收，小腿和脚在大腿投影之内。

翻——向外翻脚要充分，脚和小腿内侧对推水，脚心朝上。

蹬夹——向后弧形蹬夹，动作要连贯，速度相对要快些。

停——两腿并拢伸直漂一会儿。

2. 游动支撑做蛙泳腿：扶住浮板的近端，两臂伸直，面部浸入水中，做蛙泳蹬腿动作（图 3－67～3－70）。

图 3－67

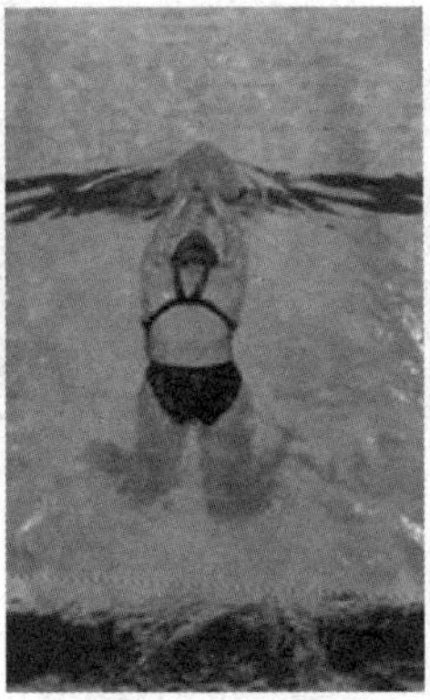

图 3－68

图 3－69

图 3－70

3. 蛙泳腿和呼吸练习：腿的动作基本掌握后，就做腿和呼吸的配合练习。当蹬夹动作束、两腿并拢伸直时，抬头吸气，随后低头没入水中闭气再收腿。此练习既练腿又练呼吸，应反复多做（图 3－71～3－74）。

图 3－71

图 3－72

图 3－73

图 3－74

[练习提示]

1. 为了提高练习质量，确保教学安全，可采用蛙泳浮具教学。

2. 蛙泳腿教学的重点是收、翻、蹬夹动作，动作连接、节奏和时机，蹬腿的方向和路线。

3. 教学难点是及时而又充分的翻脚。做到翻脚时用力勾脚尖，并保持到蹬夹结束前。

4. 大腿发力，蹬夹同时结束。最后两腿伸直并拢放松滑行一下。

二、手臂动作和手臂与呼吸配合动作练习方法

[练习目的]掌握蛙泳手臂动作和手臂与呼吸配合动作，为学习完整配合动作打好基础。

[练习重点]体会臂划水的路线和臂与呼吸配合的动作。

[练习难点]呼吸动作。

[练习要求]练习时采用小划臂的技术，开始不要强调划臂时的用力，而要着重体会划臂的动作路线。强调两臂收手前伸时的并拢及滑行动作，防止边伸边划。臂的动作是和呼吸动作紧密联系在一起的，练习时强调早吸气，即两手滑下时抬头，划水时吸气。这样可借助滑下的支撑及划水的反作用力，帮助头抬出水面完成吸气动作。

[练习方法]

(一)陆上模仿练习

站立，上体前倾，两臂前伸，掌心向下。按口令做以下动作：两手同时向侧后下方划水；屈臂收手颌下，掌心斜相对；两手向前伸直并拢稍停。要求划水时掌心向外侧下方，内收时，用力抱水。先分解练习，然后连贯起来练习。基本掌握臂的动

作后，即可配合呼吸，开始划水时抬头吸气，伸臂时，低头闭气及呼气（图3－75～3－79）。

图3－75

图3－76

图3－77

图3－78

图3－79

（二）水中练习

1. 趴在池边进行划臂练习，体会蛙泳臂的正确路线（图3－80～3－83）。

图3 80

图3－81

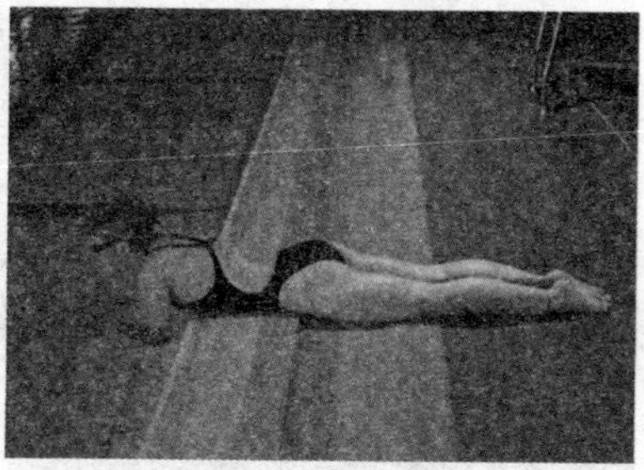

图 3－82

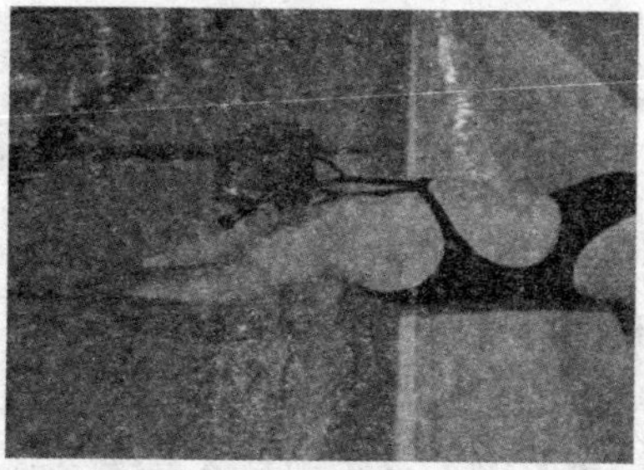

图 3－83

2. 两脚开立站于齐胸深的水中，上体前倾，两臂按陆上练习要求做划水动作，先做原地后做走动的小划臂练习。划水时不要用力，体会水对手掌的压力（水感）。手每划一次水，两臂在体前伸直并拢稍停一会儿，主要是体会划水路线（图 3－84～3－87）。

图 3－84

图 3－85

图 3－86

图 3－87

3. 趴在池边做蛙泳臂与呼吸配合练习（图 3－88～3－91）。

图 3－88

图 3－89

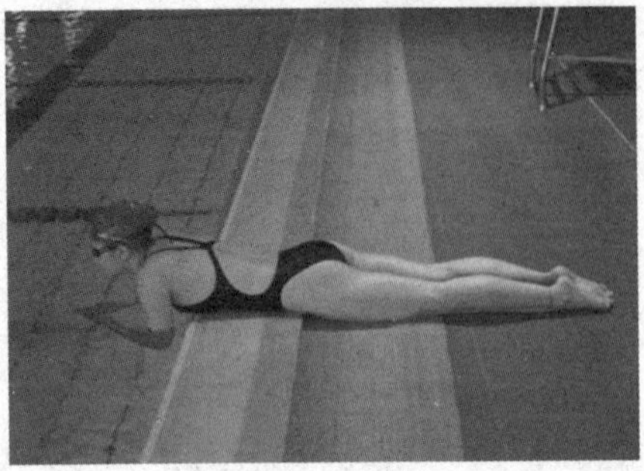

图 3－90

图 3－91

4. 臂和呼吸配合练习;在池中臂的动作同上,走动做臂与呼吸配合动作(图 3－92～3－95)。要求划臂开始抬头吸气。

图 3－92

图 3－93

图 3－94

图 3－95

5. 双人练习:由同伴抱住练习者双腿,做蛙泳臂与呼吸配合动作的练习(图 3－96～3－100)。

图 3－96

图 3－97

图 3－98

图 3－99

图 3－100

［练习提示］

1. 如采用浮具教学，可在腰上背一个浮漂进行臂与呼吸的配合练习。开始做多次划臂一次呼吸，然后逐渐过渡到一次划臂一次呼吸配合动作。强调臂领先，划臂不宜过大、过后。

2. 蛙泳臂与呼吸的练习重点是划水的方向路线和臂与呼吸的配合时间。练习难点是呼吸动作与节奏。要从陆上到水中，重点在水中反复体会上述动作要领，练习中开始时以早吸气为宜，但如出现晚吸气者可不要强行改为早吸气。

3. 练蛙泳臂的动作不宜分解过多，注意收手时不要停顿。

三、完整配合动作练习

［练习目的］掌握正确的臂与呼吸及腿的配合技术，手和腿依次用力的相互关系，并能游一定的距离。

［练习重点］臂、腿配合动作时间。

［练习难点］呼吸动作。

［练习要求］明确蛙泳正确的腿、臂配合时间，在任何情况下，都是臂先腿后。练习口诀：划水抬头吸气，收手又收脚，先伸手后蹬脚，然后滑行一下。在练习步骤上，应先掌握腿、臂配合技术，然后加上抬头呼吸动作，形成完整的配合技术。对初学者，要求早吸气，蹬完腿后要有滑行然后再做下一个动作。

［练习方法］

（一）陆上模仿练习（图 3－101～3－105）

1. 站立，两臂向上伸直并拢。一腿支撑另一腿做模仿练习。按口令做：

“1”“2”——收手同时收腿，收腿即将结束时开始翻脚。

“3”——臂将伸直时蹬腿。

“4”——臂、腿伸直稍停。然后逐渐连贯做。

图 3－101

图 3－102

图 3－103

图 3－104

图 3－105

2. 同上练习加呼吸动作，即划水时抬头吸气，伸臂时埋头吐气（图 3－106～3－110）。

图 3－106

图 3－107

图 3－108

图 3－109

图 3－110

（二）水中练习

1. 闭气滑行，做划臂腿伸直、收手又收腿，臂将伸直再蹬腿，臂腿伸直后滑行的配合练习，建立臂先腿后的动作概念（图 3－111～3－114）。

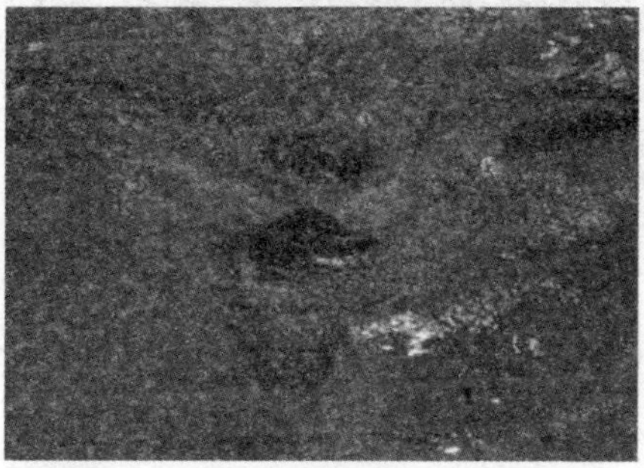

图 3－111

图 3－112

图 3－113

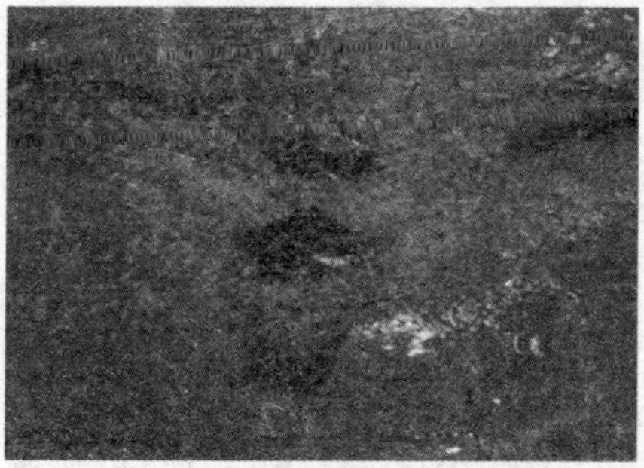

图 3－114

2. 同上练习加呼吸配合。由多次蹬腿一次划臂逐渐过渡到一次臂、一次腿和一次呼吸的完整配合（图 3－115～3－118）。

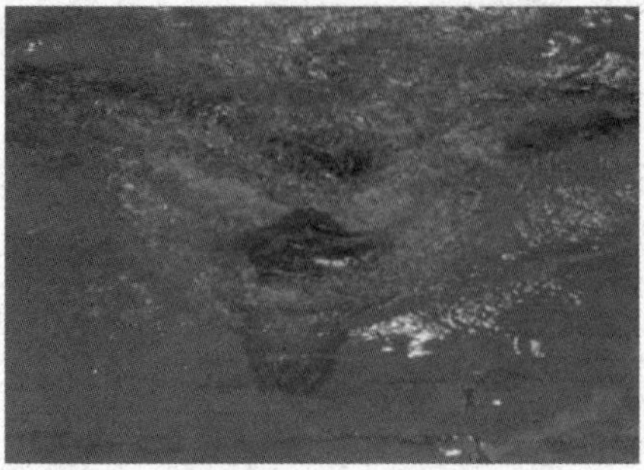

图 3－115

图 3－116

图 3－117

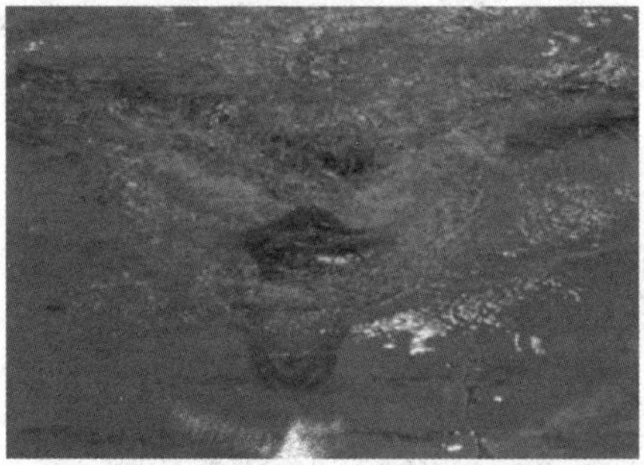

图 3－118

3. 逐渐增长游距，在长游中注意改进技术。

［练习提示］

1. 利用浮具练习，可腰戴背浮在浅水中成半蹲姿势，两臂并拢前伸于水中，微屈臂，掌心向下。然后脚蹬池底向前上方跳起，同时伸臂，接着抓水，划水（小划臂）到还原姿势，这样反复跳、划，并逐渐前倾上体，过渡到完整配合游。直到掌握完整技术，并能游一定距离后，再取消浮具。如在深水中进行练习，最好戴上浮漂，既保证安全又便于体会配合动作。

2. 练完整配合游时，宜在一段时间内强调慢频率、低游速、小划臂，并有明确的滑行动作，以保证练习者集中注意力体会臂领先，腿和呼吸跟臂配合的技术，同时也便于练习者的气呼吸。

3. 能完整配合游一段距离后，应强调练习者加长距离游。当划水、蹬水能产生一定效果后，则应学习晚吸气配合技术，并加大臂的划水幅度。

第三节 自由泳技术快乐速成途径

自由泳动作形象接近人们在陆上的行走动作，臂、腿动作比较简单易学。

一、腿部动作练习

[练习目的]学习两腿轮流交替的上下鞭状打水动作，为学习自由泳完整配合技术打下基础。

[练习重点]以髋关节为轴，大腿带动小腿上下打水。

[练习难点]鞭状动作。

[练习要求]打腿时以髋关节为轴，大腿发力，膝和踝关节放松，大腿带动小腿作上下鞭状动作，腿向上时膝关节伸直，两脚上下活动幅度 35 厘米左右。在练习中，开始可先采用直腿打水的方法体会以髋关节为轴、大腿发力的动作。在直腿打水的基础上放松膝、踝关节，逐渐过渡到鞭状打水的正确技术。

[练习方法]

(一)陆上模仿练习

1. 坐在池边或岸边，两手后撑，两腿向前伸直并拢内旋，直腿做模仿打水的练习。练习时眼要看着两腿的动作(图 3－119；图 3－120)。

2. 俯卧池边模仿打水动作练习。练习时要求髋关节展开，大腿带动小腿的打水动作(图 3－121)。

图 3－119

图 3－120

图 3－121

(二)水中练习

1. 手抓池边，身体成俯卧水平姿势，两腿伸直，做直腿或屈腿的打水练习(图 3－122)。练习时要求髋关节展开，两腿内旋，大腿带动小腿，踝关节放松。先直腿，后屈腿。

2. 蹬边滑行手抓浮板做直腿的打水练习(图 3－123)。练习时要求闭气，两臂伸直并拢，头夹丁两臂之间，打水时腿要放松。

图 3－122

图 3－123

［练习提示］

1. 自由泳腿练习的重点是以髋为轴。练习的难点是大腿带动小腿交替协调的鞭状动作。

2. 练直腿打水有助于体会大腿带动小腿的动作，展髋、踝关节放松。不要急于过渡到屈腿打水。

3. 自由泳打腿练习枯燥易累，宜多变换方式和方法。如陆上坐、卧交替，扶边打水快、慢交替等。随打水距离的增长，要与呼吸配合起来。

二、手臂动作和手臂与呼吸配合动作的练习

［练习目的］掌握自由泳两臂划水技术和臂与呼吸的配合技术，为学习自由泳完整配合技术打好基础。

［练习重点］臂的水下划水技术和臂与呼吸的配合技术。

［练习难点］呼吸动作。

［练习要求］手臂要高肘、屈臂沿身体中线向后做"S"形划水，在同侧臂划水时吐气，推水时吸气。两臂作交叉配合。在练习中，为了便于初学者较快地掌握技术，可先练直臂划水，然后再过渡到屈臂划水。在节奏上应强调除推水阶段用力外，其他阶段应注意放松。空中移臂时要强调肘高于手。

［练习方法］

（一）陆上模仿练习

1. 原地两脚开立，上体前倾做直臂划水模仿练习。重点体会推水结束后的空中移臂动作和手臂入水的动作。先单臂练习，再两臂交替练习（图 3－124～3－128）。

图 3 – 124

图 3 – 125

图 3 – 126

图 3 – 127

图 3 – 128

2. 呼吸练习：两脚开立，上体前倾，两手扶膝，做向侧转头吸气练习（图 3 – 129；图 3 – 130）。

图 3 – 129

图 3 – 130

3. 臂与呼吸配合：同侧臂井始划水时吐气，推水时转头吸气，吸气后头迅速转回，手再入水（图 3 – 131 ~ 3 – 135）。

图 3 – 131

图 3 – 132

图 3 – 133

图 3－134

图 3－135

（二）水中练习

1. 趴在岸边，做手臂动作练习（图 3－136～3－140）。

图 3－136

图 3－137

图 3－138

图 3－139

图 3－140

2. 同上练习，走动中做，要求划水时适当用力，注意手掌对水，推水时掌心向后，体会划水路线及水感（图 3－141～3－145）。

图 3－141

图 3－142

图 3－143

图 3－144

图 3－145

3. 两臂配合：蹬边滑行后腿轻轻打水或腰戴背浮做单臂划水，左臂划两次再右臂划两次。而后做两臂分解配合即左臂划水、空中移臂，入水后右臂再做。最后过渡到两臂交叉配合划水(图 3－146～3－150)。

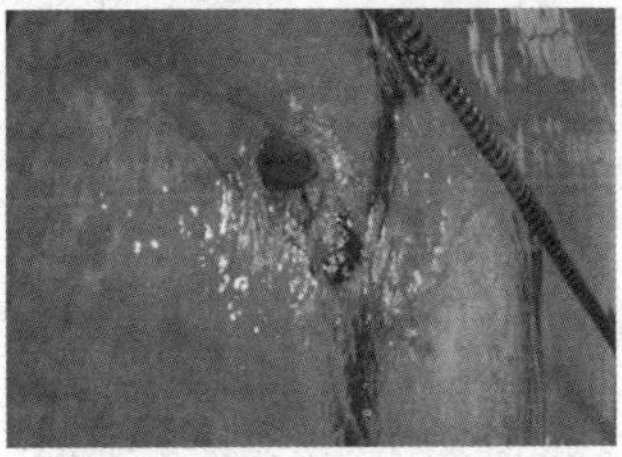

图 3－146

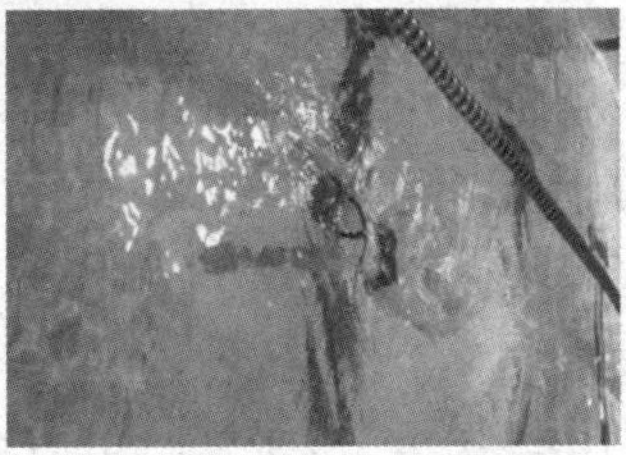

图 3－147

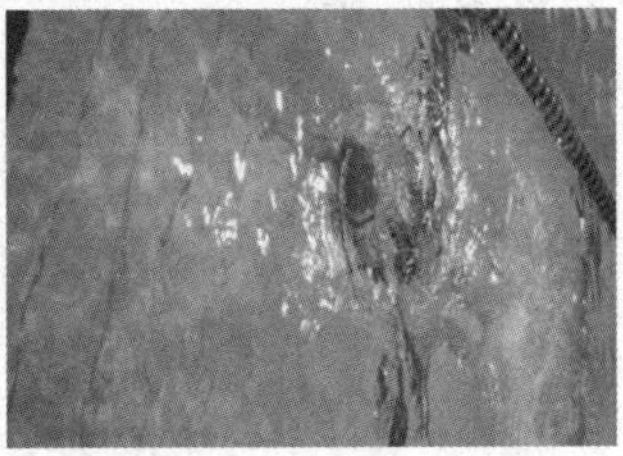

图 3－148

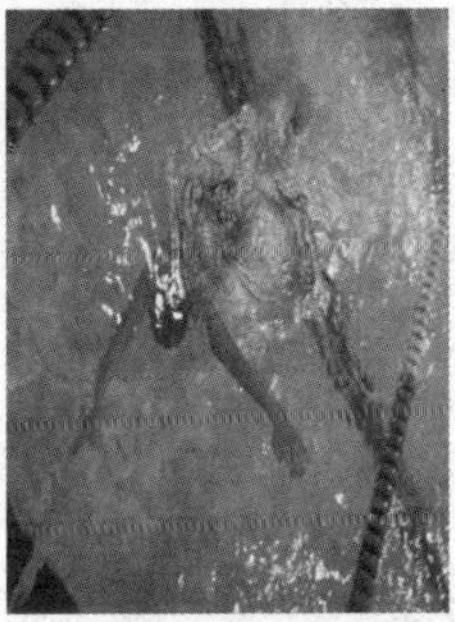

图 3－149

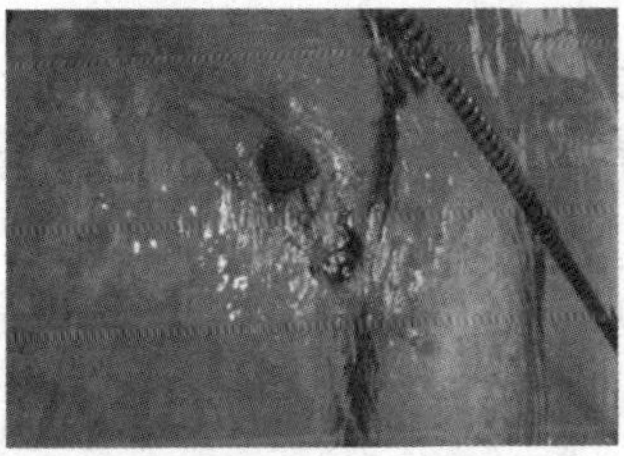

图 3－150

4. 臂与呼吸配合：扶板打水，单臂划水，向同侧转头呼吸。转头时下颌向同侧肩靠近，不要抬头。熟练后，要求划水路线要长，两臂配合，由分解过渡到两臂交替，加转头呼吸(图 3－151～3－156)。

图 3－151

图 3－152

图 3－153

图 3－154

图 3－155

图 3－156

［练习提示］

1. 手臂动作的练习重点是屈臂高肘划水和臂与呼吸的配合时机。练习的难点是呼吸动作。

2. 强调划水时保持高肘，使掌心和小臂内侧对水，还应注意臂入水和抱水时，肘要保持较高的位置，为屈臂高肘划水创造有利条件。

3. 臂与呼吸的配合动作应注意臂领先，强调呼吸节奏，呼尽吸足。吸气转头应绕身体纵轴转头，不要抬头和向后吸气。

4. 自由泳臂的各部位动作连贯性与节奏性较强，不宜过多地分解动作和做较长时间的分解练习。开始可按三拍（入水、划水、移臂）进行，最后必须连贯成一拍进行。

三、完整配合动作练习

［练习目的］掌握自由泳 6:2:1 的完整配合动作，能用自由泳游一定距离。

［练习重点］臂、腿配合动作和呼吸动作。

［练习难点］转头吸气的动作。

［练习要求］由于自由泳的呼吸是侧向转头吸气，初学者较难掌握，因此在学习完整动作配合时，动作比较紧张。因此，在练习时，可先练臂和腿配合，再过渡到完整动作配合。开始不要过于强调臂、腿动作的准确性，而应着重于动作配合的协调，强调练习时动作的放松。在初步掌握了完整配合技术之后，再进一步要求动作的准确性。一般是练 6:2:1 的配合，但不要去数打了几次腿，主要是要求动作配合自如协调。

［练习方法］

（一）陆上模仿练习

1. 俯卧凳上做臂、腿配合模仿练习（图 3－157～3－161）。

图 3 – 157

图 3 – 158

图 3 – 159

图 3 – 160

图 3 – 161

2. 同上练习，加上呼吸动作（图 3 – 162 ~ 3 – 166）。

图 3 – 162

图 3 – 163

图 3 – 164

图 3 – 165

图 3 – 166

（二）水中练习

1. 蹬边滑行打腿，一臂前伸，另一臂划水（图 3 – 167 ~ 3 – 170）。

图 3 – 167

图 3 – 168

图 3 – 169

图 3 – 170

2. 滑行打腿，两臂交叉配合轮流划水练习（图 3 – 171 ~ 图 3 – 176）。

图 3 – 171

图 3 – 172

图 3 – 173

图 3 – 174

图 3 – 175

图 3 – 176

3. 同上练习，由划臂数次，呼吸一次，逐渐过渡到两臂各划一次，呼吸一次练习（图 3 – 177 ~ 3 – 181）。

图 3－177

图 3－178

图 3－179

图 3－180

图 3－181

5. 逐渐加长游距，在练习中改进动作。

［练习提示］

1. 各种配合练习，要强调不停地打腿。首先抓好臂腿配合，再加呼吸配合，但不宜过早强调呼吸，以免影响臂腿配合质量。

2. 完整动作配合游时，不一定非要 6 次打腿，只要臂腿配合协调，划水和呼吸时腿不停顿地打水即可。

第四节　仰泳技术快乐速成途径

仰泳时，脸在水面上，呼吸较其他泳式简单容易掌握。仰泳臂划水是推动身体前进的主要动力，但对初学者来讲，腿是基础。因为腿部动作是保持身体处于较高水平姿势的重要因素，故应先进行腿部练习。

一、腿部动作练习

［练习目的］掌握仰泳的正确卧水姿势和仰泳腿的上下鞭状踢水的动作，保持身体平衡，为学习臂和完整配合动作打好基础。

［练习重点］以髋关节为轴，大腿带动小腿上下鞭状打水。

［练习难点］鞭状动作。

［练习要求］腿的动作同自由泳一样，以髋关节为轴，大腿带动小腿做鞭状打

水。但膝关节屈得比自由泳稍大，打水幅度约 45 厘米。练习中除强调屈腿上踢外，不应忽略直腿下压的动作。

［练习方法］

（一）陆上模仿练习

1. 单腿支撑站立，另一腿向后伸并以大拇指轻点地。以大腿带小腿，使脚大拇指沿地面向前屈腿踢出。然后大腿带动小腿直腿后压，模仿鞭状踢水动作（图 3－182～3－185）。

图 3－182

图 3－183

图 3－184

图 3－185

2. 仰坐池边做两腿打水的模仿练习。练习时着重体会直腿下压与屈腿上踢的动作，同时眼睛要看着两腿动作是否正确（图 3－186～3－188）。

图 3－186

图 3－187

图 3－188

（二）水中练习

1. 两手反轻扶池边，身体仰卧浮于水中，髋关节展开，两腿伸直稍内旋，做上下交替鞭状打水动作。要求屈腿后上踢，直腿下压，膝和脚不能露出水面（图 3－189）。

2. 仰卧漂浮：头和上体后仰，由同伴托住头，做仰卧漂浮练习，要求展髋，头躺在水中（图 3－190）。

3. 仰卧滑行打腿：双手在头前方轻扶一块浮板，脚蹬池壁，滑行后两腿交替上下踢水，两手抓浮板时注意放松（图 3－191）。

4. 同上练习，去掉浮板，要求单臂或双臂前伸进行打水练习（图 3－192）。

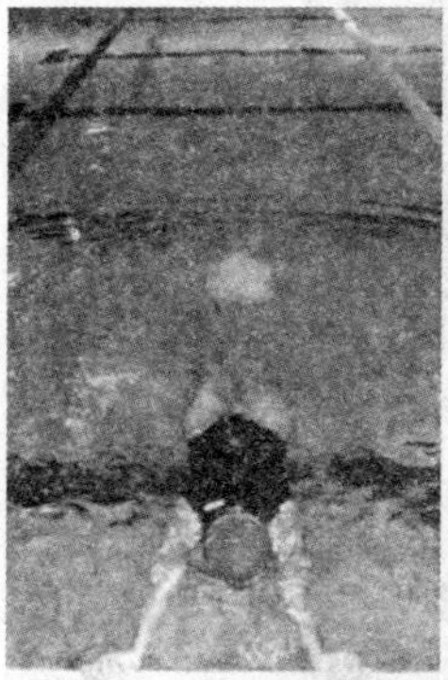
图 3－189

图 3－190

图 3－191

图 3－192

［练习提示］

1. 对初学者学习仰泳腿时，可先练直腿打水，然后过渡到屈腿鞭状打水。

2. 仰泳腿的练习重点是以髋为支点，大腿带动小腿的鞭状打水，抬头、收腹和坐臀对形成正确打腿动作影响较大，练习中注意稳定头的姿势。

3. 练习难点是鞭状踢水和直腿下压动作。

二、手臂动作练习

［练习目的］掌握仰泳两臂轮流屈臂划水动作，为学习完整配合打好基础。

［练习重点］屈臂划水动作。

［练习难点］两臂后交叉的协调配合动作。

图 3－193

［练习要求］仰泳两臂是推动身体前进的主要动力。在练习中应注意防止两臂配合时产生分解动作。为了便于初学者掌握两臂的技术，在练习的开始阶段，可先不要求屈臂划水而采用直臂划水的方法。

［练习方法］

（一）陆上模仿练习

原地站立，模仿仰泳臂划水动作练习先做单臂动作，后做两臂配合动作练习。先要求直臂划水，后要求逐步过渡到屈臂划水（图 3－193）。

(二)水中练习

1. 单手扶池壁仰卧水中,另一臂划水。先直臂划水,再屈臂划水,划水路线要长(图 3 - 194 ~3 - 197)。

图 3 - 194

图 3 - 195

图 3 - 196

图 3 - 197

2. 仰卧水中,由同伴抱住双腿,做仰泳臂划水动作的练习(图 3 - 198 ~ 3 - 202)。

图 3 - 198

图 3 - 199

图 3 - 200

图 3 - 201

图 3 - 202

［练习提示］

1. 仰泳臂练习的重点是屈臂高肘加速划水。

2. 练习难点是两臂连接式的配合。练习中应注意臂入水后深抓水和屈臂抱水动作的正确完成，为屈臂划水创造条件。划水结束时，臂不能在体侧停顿。

三、完整配合动作练习

［练习目的］掌握仰泳完整配合动作，能游一定距离。

［练习重点］臂腿配合动作和身体位置。

［练习难点］臂腿配合动作。

［练习要求］仰泳完整配合的练习，要注意臂、腿配合的节奏和身体姿势。在做配合动作练习时要注意腿不停地打水，开始练习时要强调臂和腿较放松地配合，两臂要有适度的转动。

［练习方法］

（一）陆上模仿结习

原地站立，一腿抬起不停地打水与两臂交替划水配合的模仿练习（图 3－203；图 3－204）。

图 3－203

图 3－204

（二）水中练习

1. 仰卧滑行打腿，一臂前伸，另一臂做划水练习，要求两腿始终不停地打水（图 3－205～3－208）。

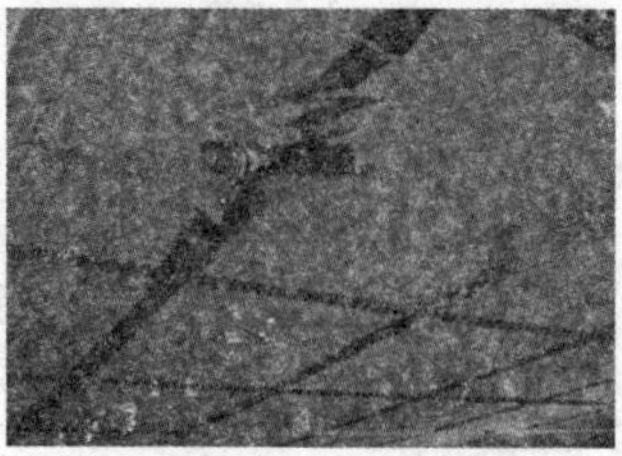

图 3－205

图 3－206

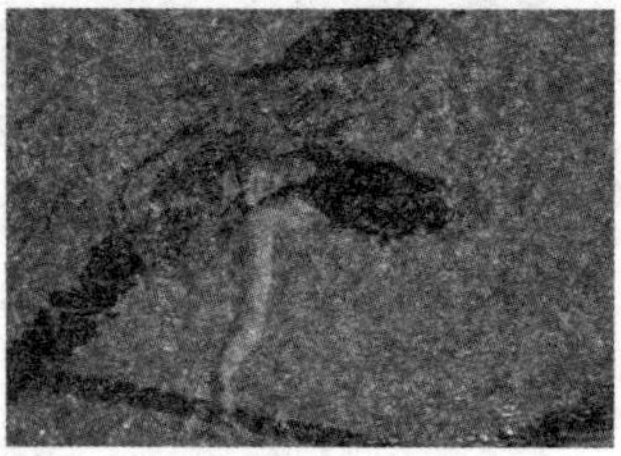

图 3－207

图 3－208

2. 同上练习，两臂轮流划水动作配合练习（图 3－209～3－213）。

图 3－209

图 3－210

图 3－211

图 3－212

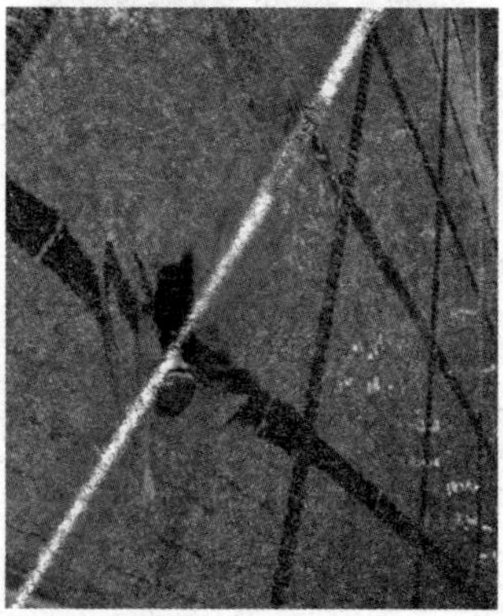

图 3－213

3. 同上练习,加有节奏的呼吸配合练习,并逐渐加长游距。

[练习提示]

1. 正确的仰泳身体姿势是很重要的。在学习仰卧滑行打水时,要注意髋关节展开,并保持头部的正确位置。

2. 仰泳时,脸部基本在水面上,一定要求练习者,当脸部有水时,要用鼻均匀呼气,待脸出水时再用口吸气,切记不能用鼻吸气。

3. 臂、腿、呼吸配合练习时,要求臂划水时腿部动作不停顿和臂与呼吸有节奏的配合。

第五节　蝶泳技术快乐速成途径

蝶泳也称为海豚泳。这种泳式的技术较复杂,游起来较费力,要求具有一定的身体素质基础。蝶泳学起来也较困难,因而在游泳练习中,一般都安排在其他3种泳式之后。练习中应充分利用动作技能转移的规律,以促进更好更快地掌握动作。

一、躯干和腿部动作练习

[练习目的]掌握蝶泳躯干和腿的波浪动作,学会腰腹用力,为完整配合动作打好基础。

[练习重点]腰腹用力的动作。

[练习难点]波浪动作。

[练习要求]蝶泳的躯干和腿的波浪动作,对于初学者来说是比较困难的,一般容易产生仅做膝关节屈伸打水或收腹提臀直腿打水等错误动作。因此,在练习中应强调躯干积极参与腿的动作。

[练习方法]

(一)陆上模仿练习

1. 原地站立,两臂上举伸直。腰腹前后摆动,模仿蝶泳(海豚泳)波浪动作(图3－214～3－217)。也可以靠墙站立,做上述练习。

图 3－214

图 3－215

图 3－216

图 3－217

2. 同上练习，但一腿支撑，另一腿参与蝶泳波浪动作，重点体会腰发力，大腿带动小腿，直腿向上，屈腿向下的鞭状动作（图 3－218～3－221）。

图 3－218

图 3－219

图 3－220

图 3－221

（二）水中练习

1. 扶边练习打腿，先做爬泳打水，然后两腿并拢，同时做上下打水练习，体会躯干和腿的动作，腰部放松。

2. 蹬边滑行后开始做蝶泳打水练习（图 3－222～3－225）。练习时要做挺、屈、提、伸 4 个动作的连续动作，体会蝶泳的波浪动作。开始时，动作幅度可小些。

图 3－222

图 3－223

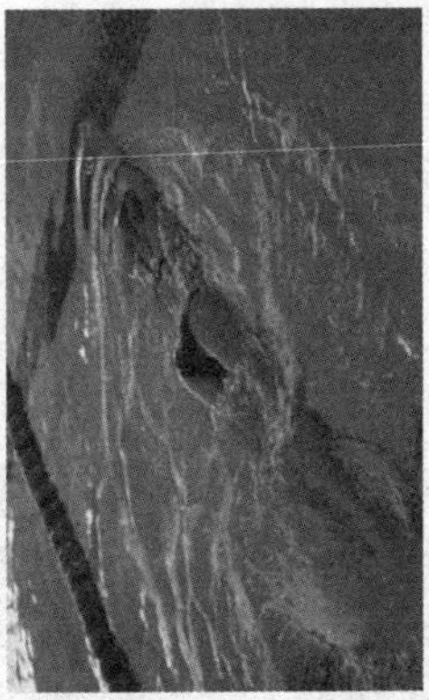
图 3－224

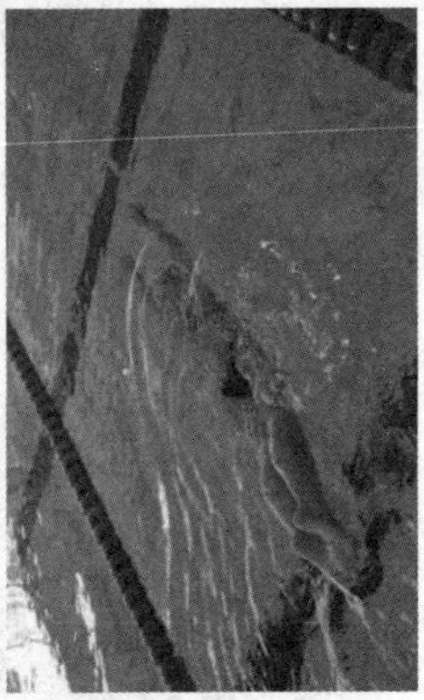
图 3－225

4. 扶板做蝶泳打水练习(图 3－326～3－328)。

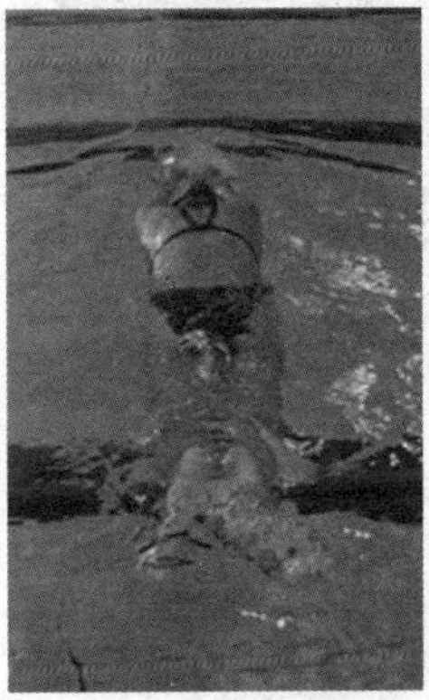
图 3－226

图 3－227

图 3－228

[练习提示]

1. 蝶泳躯干和腿的波浪动作的练习重点是腰发力,有节奏的上下摆动动作,呈鞭状打水。

2. 练习难点是髋、膝、踝关节与躯干协调,防止过度屈膝和过度收腹打水。

3. 注意有直腿向上动作,向上打水时不要用力过大,以免破坏动作节奏。

二、手臂和手臂与呼吸配合动作练习

[练习目的]掌握蝶泳手臂和手臂与呼吸配合动作,为学习完整配合动作打好基础。

[练习重点]手臂划水动作和呼吸动作的配合。

[练习难点]呼吸动作。

[练习要求]初学者两臂划水时容易产生过早向下用力按压水，划水结束时向上捞水的错误动作，因而造成身体移动的困难。因此，练习中应强调两臂划水的方向主要是向后，推水阶段要用力，并充分利用力的惯性配合低头动作来完成转肩移臂动作。

[练习方法]

(一)陆上模仿练习

1. 手臂动作：原地开立，身体前倾，模仿蝶泳两臂划水练习，着重体会两臂划水路线和转肩移臂的动作(图3－229～3－233)。

图3－229

图3－230

图3－231

图3－232

图3－233

2. 臂与呼吸配合：同上练习，配合呼吸，推水时抬头吸气，先低头再移臂(图3－234～3－238)。

图 3-234

图 3-235

图 3-236

图 3-237

图 3-238

（二）水中练习

1. 在浅水中重复陆上练习，练习者可由原地到走动，体会手臂划水路线及划水对身体的推动作用，以及体会划臂与抬头吸气的配合（图 3-239 ~ 3-243）。

图 3-239

图 3-240

图 3-241

图 3－242

图 3－243

2.“划跳”练习：两脚蹬池底配合两臂向后划水使身体向前跃起，呼吸并经空中向前移臂，两臂在体前低头入水，然后收腿站立（图 3－244～3－247）。

图 3－244

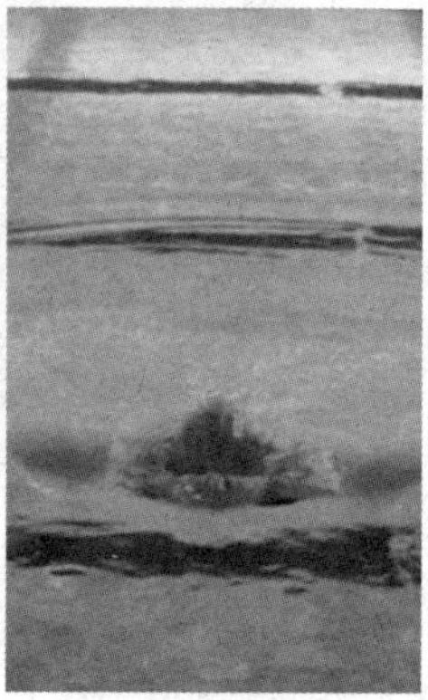

图 3－245

图 3－246

图 3－247

［练习提示］

1. 臂划水动作的练习重点是：强调臂进入划水阶段应屈肘，使肘处于较高位置作“S”形加速划水。

2. 练习的难点是呼吸的时机和呼吸节奏。开始学习采用早吸气技术较为适宜。

3. 划臂动作必须先伸后划，边推水边提肘出水，借惯性移臂。

三、完整配合动作练习

［练习目的］学习蝶泳腿、臂和呼吸的完整配合动作与节奏。

［练习重点］腿、臂的 2:1 配合动作。

[练习难点]臂划水后将结束时就进行第二次打腿的动作。

[练习要求]蝶泳完整配合的技术结构比较复杂,初学者通常容易手臂入水后第二次打水过早,因而产生腿、臂配合脱节的现象。因此,练习中应强调腿、臂配合要有节奏,并要求第二次打水应与两臂划水同时进行。在练习方法上,可采用多次打腿,一次小划臂的配合练习,即划一次臂打多次腿,然后逐渐过渡到正规的配合动作练习。

[练习方法]

(一)陆上模仿练习

两脚前后站立,上体前倾,两臂放体侧,模仿蝶泳腿、臂配合。移臂入水时,腿做第一次打腿,臂划至胸腹下时打第二次腿,熟练后加呼吸配合(图 3 – 248 ~ 3 – 253)。

图 3 – 248

图 3 – 249

图 3 – 250

图 3 – 251

图 3 – 252

图 3 – 253

(二)水中练习

1. 做几次蝶泳打水,手臂划水一次的练习,然后逐渐过渡到打两次腿划一次臂(图 3 - 254 ~ 3 - 259)。

图 3 - 254

图 3 - 255

图 3 - 256

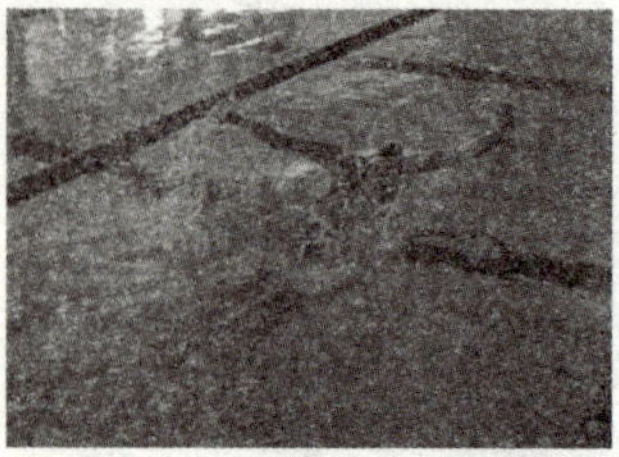

图 3 - 257

图 3 - 258

图 3 - 259

2. 做两次腿打水、一次划臂的配合练习。要求臂入水时腿做第一次打水,臂划水时,腿做第二次打水。强调腿臂配合要有节奏。熟练后,要求在划臂时抬头呼气(图 3 - 260 ~ 3 - 265)。

图 3 - 260

图 3 - 261

图 3 - 262

图 3 - 263

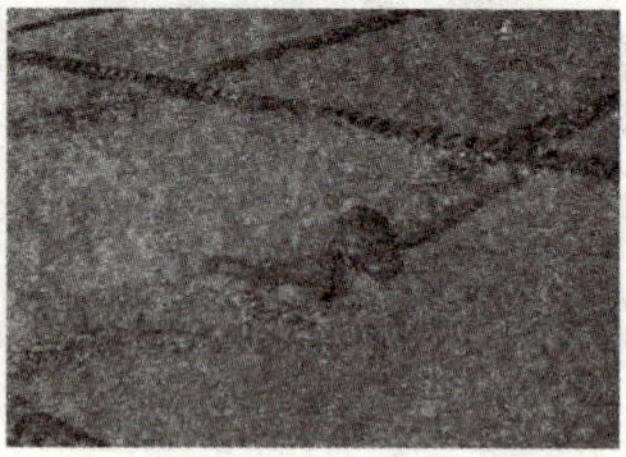

图 3 - 264

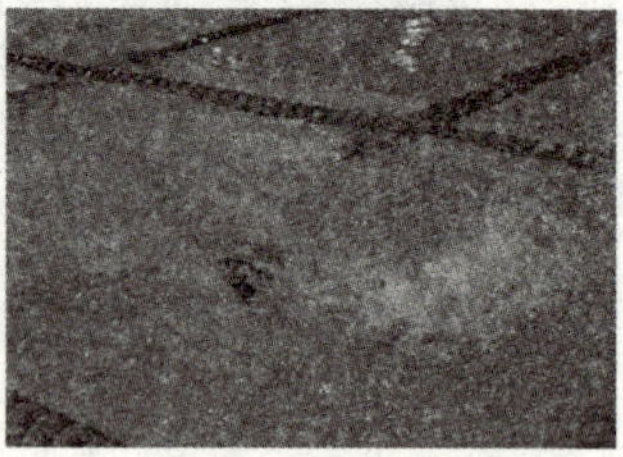

图 3 - 265

3. 在初步掌握完整配合动作的基础上，逐步加长游泳距离，并在反复游中注意改进技术。

第六节 出发技术快乐速成途径

出发技术是游泳比赛中一个重要环节，它的练习一般是安排在学生掌握1～2种游泳姿势并能游一定距离后进行。练习中应特别注意安全的问题，练习时应选择在深水处进行，以防止伤害事故。出发练习前先在陆上做一些模仿练习和必要的准备练习。

一、出发台出发技术练习

（一）摆臂式出发技术练习

[练习目的]掌握出发台摆臂式出发的预备姿势、起跳、腾空、入水、滑行、起游的动作要领，从而提高游速。

[练习重点]起跳和入水动作。

[练习难点]入水动作。

[练习要求]初学者由于怕胸腹拍水而不敢跳出发动作，所以练习时应慢慢来，同时要采用诱导性练习，从在池边坐、蹲、站到上出发台，强调入水前一定要低头，并夹在并拢的两臂之间，开始时可以不强调预备姿势，重点是强调入水姿势，以后再要求做好腾空动作和预备姿势。

[练习方法]

1. 陆上模仿练习

两脚开立与肩同宽，听到“各就位”的口令时，模仿出发预备姿势，听到“跳”的口令时，向上跳起，微收腹（图3－266～3－268）。

图3－266

图3－267

图3－268

2. 池边练习

(1)坐在池边,两脚放在池壁上,两臂上举,头夹于两臂之间,然后慢慢前倒,最后向前下方蹬出,要求手指先入水(图3-269~3-271)。

图3-269

图3-270

图3-271

(2)一腿跪立,一腿下蹲,以脚趾勾住池边,头夹在两臂之间上体前倒,向前下方蹬出入水,要求手指先入水(图3-272~3-274)。

图3-272

图3-273

图3-274

(3)站立池边,两臂上举,头夹在两臂之间,上体前倾,两膝半屈,前倒蹬出入水(图3-275~3-278)。

图3-275

图3-276

图 3－277

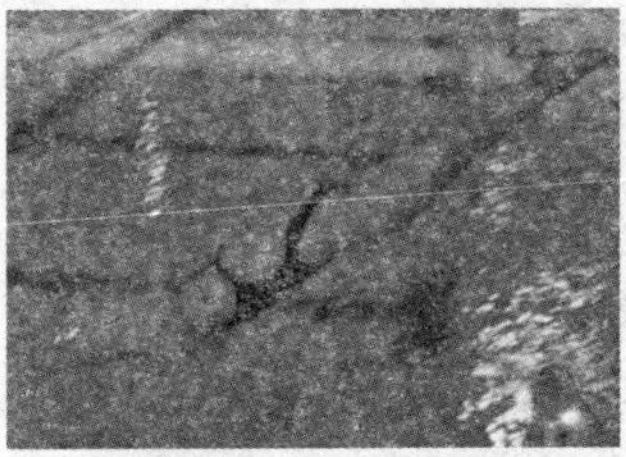
图 3－278

(4)站在出发台上,按完整出发技术要求练习(图 3－279～3－282)。

图 3－279

图 3－280

图 3－281

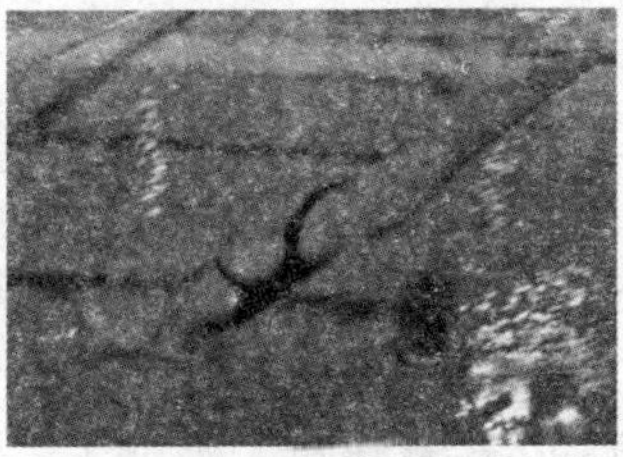
图 3－282

［练习提示］

1. 摆臂式出发练习中应注意安全,练习时要在深水区进行。练习者一定要学会在深水区踩水,以防止出现事故。

2. 初学者因害怕心理,不敢做出发或出发时不敢低头。所以,要采用诱导练习,从易到难,从低到高进行练习。

3. 基本掌握动作后,再提高起跳力量、空中姿势和入水角度以及起游的衔接要求。

(二)抓台式出发技术练习

抓台出发与台上摆臂出发的区别主要是预备姿势,其他与摆臂式基本相同。抓台式出发练习,一般都安排在摆臂式出发练习之后,在练习中注意按要领做好抓台出发的预备姿势,起跳腾空的角度和入水角度比摆臂式略小。练习方法同摆臂式(图 3－283～3－286)。

图 3－283

图 3－284

图 3－285

图 3－286

(三)洞式入水技术练习

洞式入水也称为一点式入水。这种出发也是出发台出发技术的一种。这种出发技术的特点是起跳后身体重心的轨迹较高,躯干入水的角度较大。手、头、躯干、腿、脚依次从一点入水,很像人从水面的一个洞口入水一样,借助身体重力入水后滑行远,入水时阻力小速度快。

[练习目的]掌握洞式入水技术。

[练习重点]入水动作。

[练习难点]收腹摆臂动作。

[练习要求]由于洞式入水出发入水较深,练习中要特别注意安全,洞式出发的开始姿势和预备姿势可采用摆臂式或抓台式这两种出发技术的开始姿势和预备姿势。练习应在上述两种出发技术的基础上进行。

[练习方法]

1. 陆上模仿练习

从出发预备姿势开始,起跳后身体伸直,然后迅速低头提臂收腹屈体,两手掌重叠,两臂伸直,头夹在两臂中间,落地。主要体会空中摆臂、提臂、收腹、屈体动作(图 3－287;3－288)。

图 3－287

图 3－288

2. 池边练习

(1)池边起跳直体入水:同陆上练习,但空中屈体后再迅速伸直入水。主要体会腾空时的屈体后又伸髋的动作(图 3－289～3－291)。

图 3－289

图 3－290

图 3－291

(2)出发台起跳,腾空提臀屈髋屈体手入水(图 3－292～3－294)。

图 3－292

图 3－293

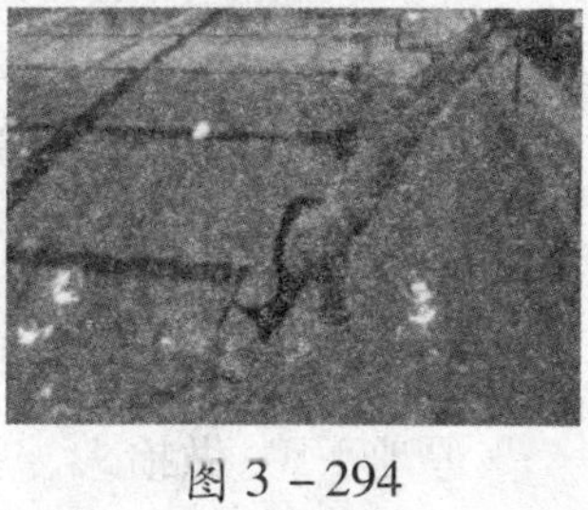

图 3－294

(3)同上练习，跃过横杆入水，要求过杆后屈髋提臀屈体(图 3－295～3－297)。

图 3－295

图 3－296

图 3－297

(4)在以上练习基础上，站在出发台上做完整动作练习。当手将入水的瞬间，做伸髋展体动作，使从手到脚在一个假想的洞口面上入水(图 3－298～3－300)。

图 3－298

图 3－299

图 3－300

[练习提示]

1. 因入水角度较大，较难控制入水深度，练习一定要在深水区处进行。

2. 要记住洞式入水的特点，使练习者明确要领，然后通过诱导练习，体会洞式入水的动作。

二、仰泳出发技术练习

[练习目的]掌握仰泳出发动作，出发后能衔接仰泳游进。

[练习重点]蹬壁动作和腾空时的抬头挺胸动作。

[练习难点]入水角度。

[练习要求]要在练习者基本掌握仰泳的基础上，才能进行仰泳出发动作的练习。

[练习方法]

(一)陆上模仿练习

原地下蹲，做抬头、挺胸、两臂向侧上摆，同时腿蹬直起立的仰泳出发技术的模仿练习(图 3－301；3－302)。

图 3－301

图 3－302

（二）水中练习

1. 面向池壁，两手扶池槽，两脚蹬离池壁，两臂自然放在体侧，做仰卧滑行（3－303）。

2. 同上练习，但要求头夹于两臂之间，成流线型滑行（图 3－304）。

图 3－303

图 3－304

3. 同上练习，但要求在水面下蹬出，由水下向水面滑行，脸在水中，要求用嘴鼻慢慢呼气（图 3－305；3－306）。

图 3－305

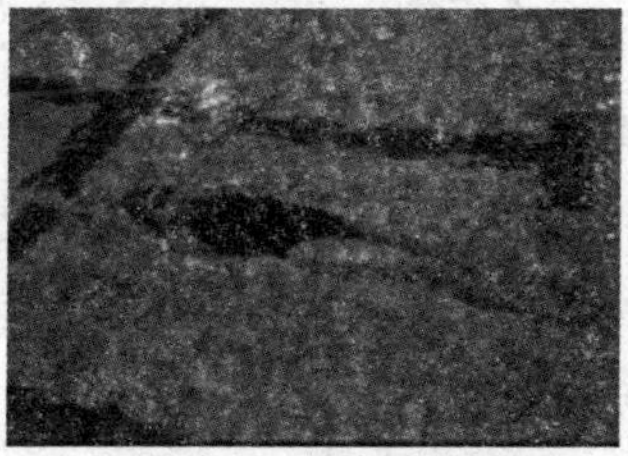

图 3－306

4. 蹬池底向后跳起，模仿仰泳出发动作（图 3－307；3－308）。

图 3－307

图 3－308

5. 两手抓住仰泳出发握手器，按仰泳出发技术要求做完整练习(图 3－309；图 3－310)

图 3－309

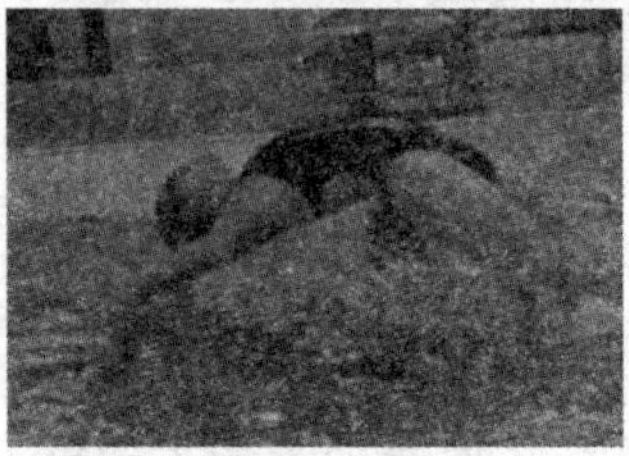

图 3－310

[练习提示]

1. 初学者水中仰卧时鼻很容易呛水，或呼气过急，影响动作的掌握，应通过水中练习，反复体会并掌握鼻连续均匀慢呼气方法。

2. 完整动作练习时，开始预备姿势不要拉得太高，蹬出后要向前进方向，不要向上，强调两臂向两侧摆。

3. 蹬出时，强调仰头、挺胸和臂侧摆动作。

第七节　转身技术快乐速成途径

游泳的各种转身技术练习，应在掌握该种游泳姿势后，并能游一定距离后进行。练习时，应向练习者讲明各种游泳姿势转身的竞赛规则要求，遵循由易到难的原则。练各种转身姿势时要强调游近池壁时不能减速，收腿及时，旋转迅速，蹬壁有力，蹬出后身体要成流线型姿势滑行，并及时衔接游泳动作。

一、自由泳转身技术练习

(一)摆动式摆动式

[练习目的]掌握自由泳摆动式转身技术动作，为提高游速和长游打基础。

[练习重点]身体绕前后袖转动的动作。

[练习难点]利用身体前进惯性力转身。

[练习要求]单手触壁，身体侧摆，同时吸气，成侧卧姿势蹬出。注意用水下的手向上拨水，帮助上身下沉后蹬离池壁。蹬出后注意身体成流线型。

[练习方法]

1. 陆上模仿练习

模仿游进向墙壁，手触墙后，做收单腿贴墙、身体侧摆、轻轻蹬出的动作。要求触墙的手臂摆出后，贴墙脚再蹬离池壁(图 3 – 311 ~3 – 314)。

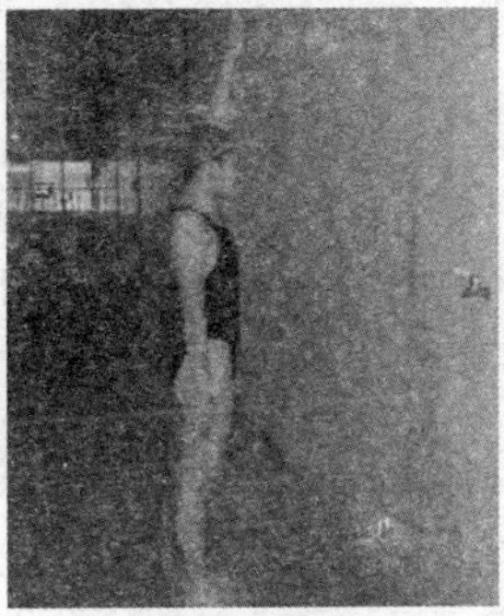

图 3 – 311

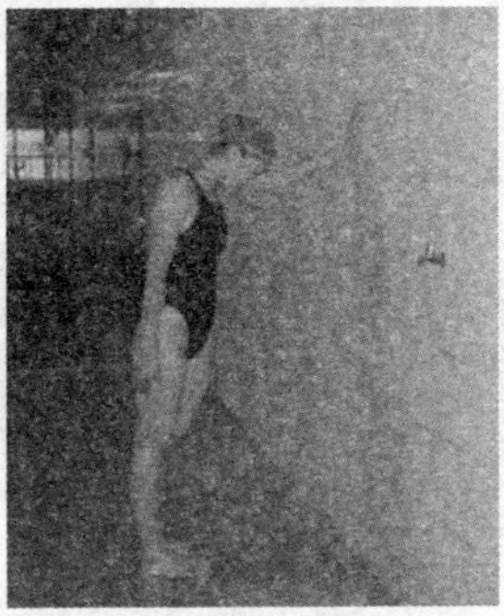

图 3 – 312

图 3 – 313

图 3 – 314

2. 水中练习

(1)浅水池边做陆上练习(图 3 – 315 ~3 – 317)。

图 3 – 315

图 3 – 316

图 3 – 317

(2)游进中按完整动作要求做摆动式转身练习,并接自由泳起游动作(图3－318~3－321)。

图3－318

图3－319

图3－320

图3－321

[练习提示]

1.转身时强调单手触壁,同时身体向异侧转动成侧卧,再收腿推手绕前后轴转动。

2.手触池壁的点应在水面附近,不要太低,要利用身体前进惯性力转身。开始时,可利用手扶水池练习,体会动作。

(二)自由泳前滚翻转身练习

[练习目的]掌握前该翻转身动作,为长游和提高游速打好基础。

[教学重点]前滚翻动作和蹬壁动作。

[教学难点]前该翻动作。

[教学要求]掌握好距离,游近池壁时不减速,低头团身要快,动作要连贯,蹬壁要快而有力。在滚翻过程鼻子要呼气,避免鼻腔进水。

[练习方法]

1. 陆上模仿练习

(1)原地站立,身体前倾,两臂前伸,然后两臂划水至体侧,做低头、团身收腿的想象动作,后蹬出。然后两臂划水至体侧(图3－322~3－324)。

图 3 - 322

图 3 - 323

图 3 - 324

(2)垫上练习:在离墙边 1 米多远的垫上做前滚翻,至臀部越过头后,身体同时绕纵轴旋转 90°,使身体侧卧垫上,两脚贴在墙上,然后模仿蹬壁动作轻轻蹬出(图 3 - 325 ~ 3 - 329)。

图 3 - 325

图 3 - 326

图 3 - 327

图 3 - 328

图 3 - 329

2. 水中练习

(1)以水线为轴做前滚翻练习(图 3 - 330 ~ 3 - 332)。要求低头提臀时腿并拢伸直,头靠近大腿。

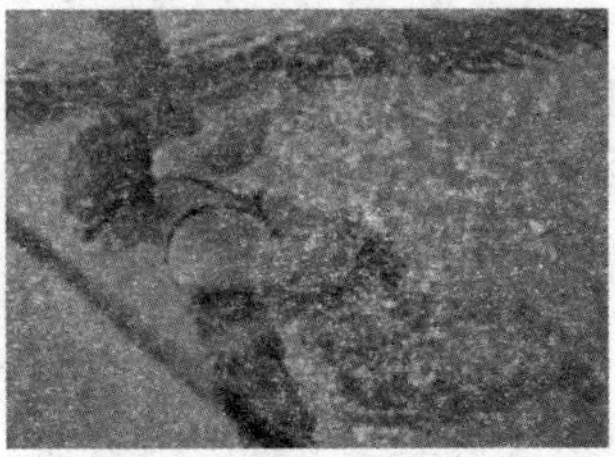

图 3 - 330

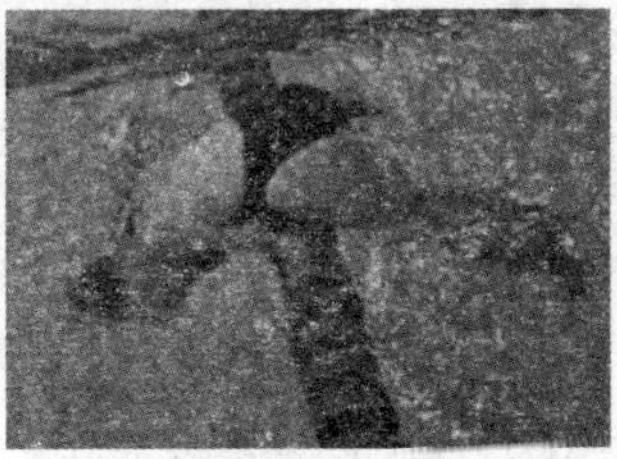

图 3 - 331

图 3 - 332

(2)蹬边滑行,两臂同时划水至体侧后,做低头、收腿提臂,向前滚翻180°的练习(图3-333~3-335)。

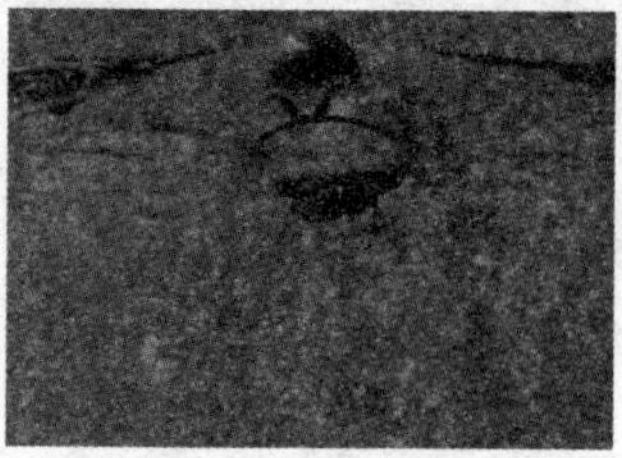

图3-333

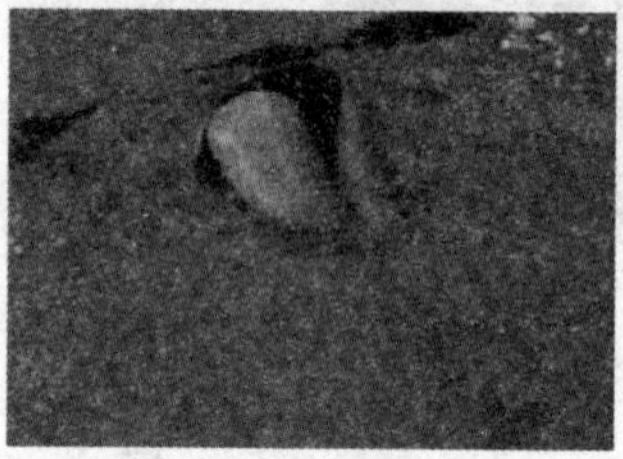

图3-334

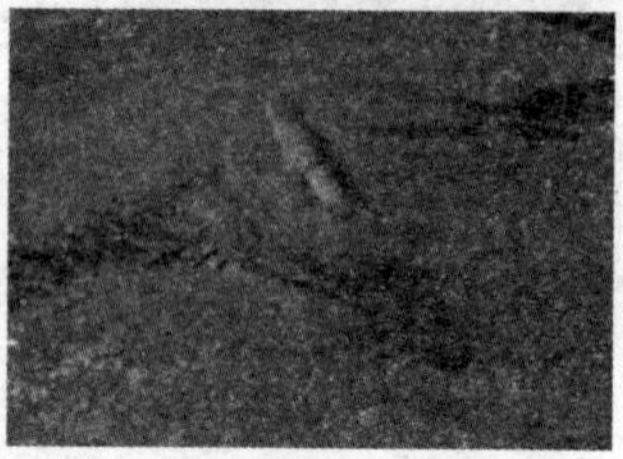

图3-335

(3)同练习(2),但要求在前滚翻的同时身体绕纵轴转动90°。转身后不要急于蹬出,先体会转身后身体所处的位置和两脚贴壁的动作再蹬出。熟练后做完整的前滚翻动作(图3-336~3-338)。

①转身前提臂同时低头。

②脚出水之前,勾脚腿伸直向上撩。

②蹬出之前屈膝并侧转90°。

④蹬出时身体绕纵轴转成俯卧。

⑤蹬出后身体成流线型滑行,然后开始打水。

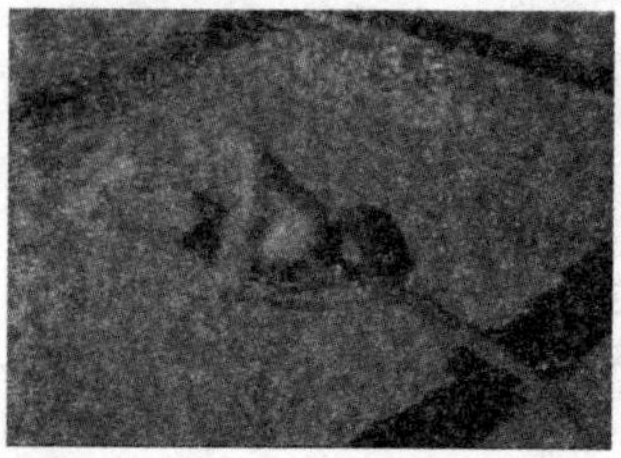

图3-336

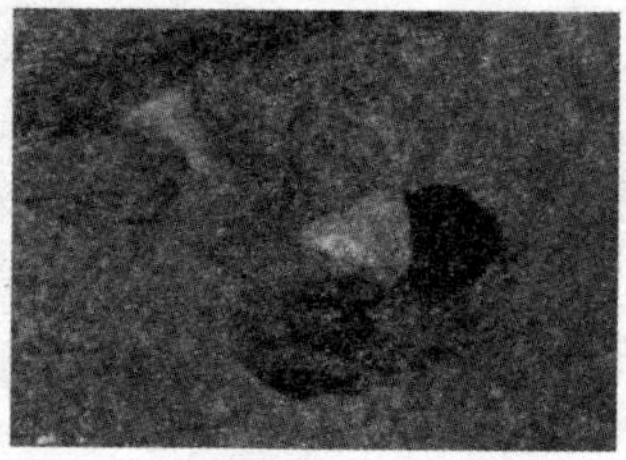

图3-337

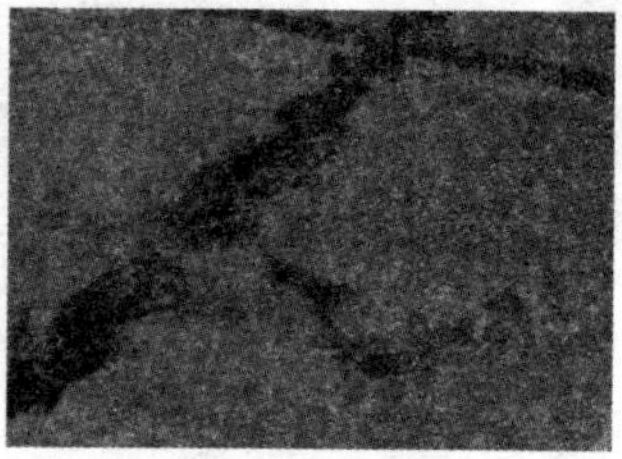

图3-338

(4)反复练习前滚翻转身,掌握好转身距离,不断提高质量。

[练习提示]

1. 做前翻转身低头时,鼻要慢呼气,避免鼻腔呛水。

2. 为帮助身体向前滚翻,强调游近池壁时要加速,借助惯性加快旋转,同时还要强调低头、收腹,头和胸有意识地去靠近大腿,以加速旋转。转身前两腿并拢做一次海豚泳打水有利于提臂向前滚翻。

3. 找好做前滚翻转身的距离,如距离太远转身后蹬不着池壁,太近了又影响身体转动。要根据本人身高、游速等来确定合适距离,一般在距池壁1~1.5米处开始做前滚翻转身较为合适。

二、仰泳转身技术练习

(一)平转身技术练习

[练习目的]掌握仰泳平转身动作,为增长仰泳游距和提高速度打好基础。

[练习重点]手触壁与推按池壁帮助身体转动的动作。

[练习难点]身体平转身180°的动作。

[练习要求]身体平转180°。

[练习方法]

1. 陆上模仿练习

(1)背对墙,原地站立,做平转身模仿练习(图3-339~3-343)。

图3-339

图3-340

图3-341

图3-342

图3-343

(2)在墙边仰卧垫上,一手扶墙,做平转身模仿练习(图3-344~3-348)。

图 3－344

图 3－345

图 3－346

图 3－347

图 3－348

2. 水中练习

游近池壁，要求充分利用游进速度的惯性完成平转身的完整动作练习。通过反复练习，提高转身技术（图 3－349～3－352）。

图 3－349

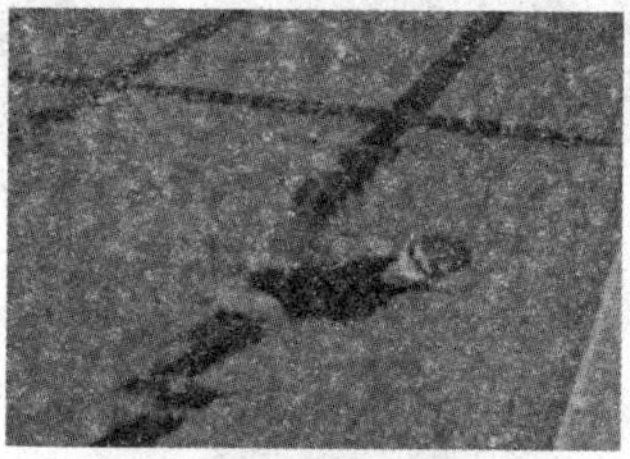

图 3－350

图 3－351

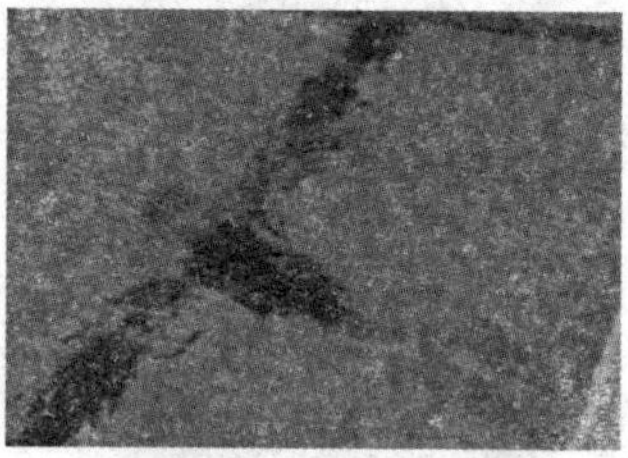

图 3－352

［练习提示］

1. 转身时，触壁的手应向异侧摆动触壁，然后推拨池壁，帮助身体旋转。在旋转中，应强调体会头、躯干和四肢的配合动作。

2. 初学者不适应脸入水，应多做水下仰卧滑行练习，练习开始阶段可先做脸不入水的平转身技术动作，再过渡为正常的平转身动作。

（二）仰泳滚翻转身练习

[练习目的]掌握仰泳滚翻转身动作，为增长距离游和提高速度打好基础。

[练习重点]滚翻动作。

[练习难点]仰卧转俯卧的时机。

[练习要求]快游进池壁时，身体沿纵轴转为俯卧，一臂或两臂划水一次，然后做前低头、收腹、屈体向前翻转成仰卧姿势。

[练习方法]

1. 陆上模仿练习

垫上做仰转俯，加不支撑的前滚翻（图 3－353～3－355）。

图 3－353

图 3－354

图 3－355

2. 水中练习

（1）游近池壁，做仰泳的仰卧转俯卧练习（图 3－356～3－358）。

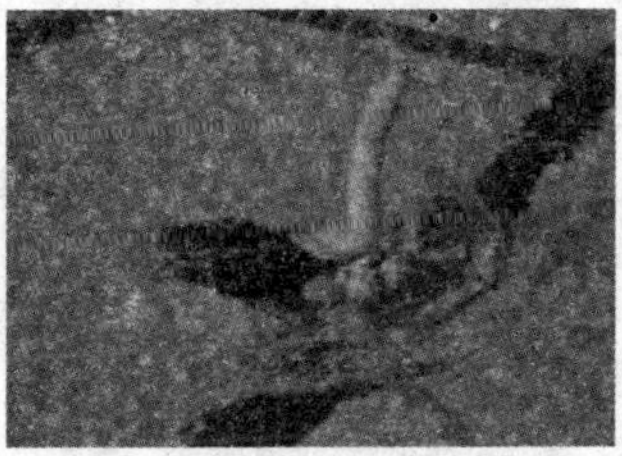

图 3－356

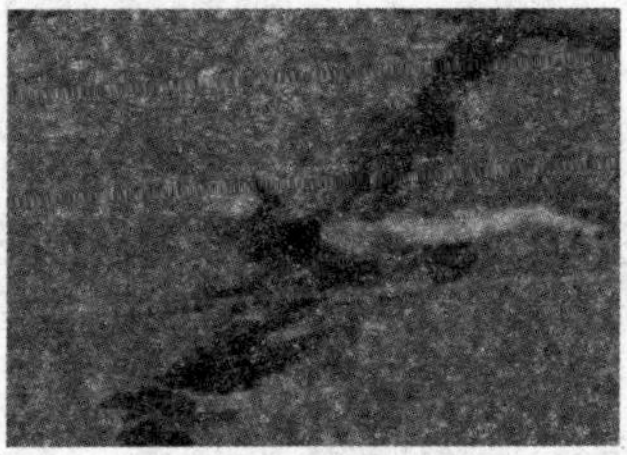

图 3－357

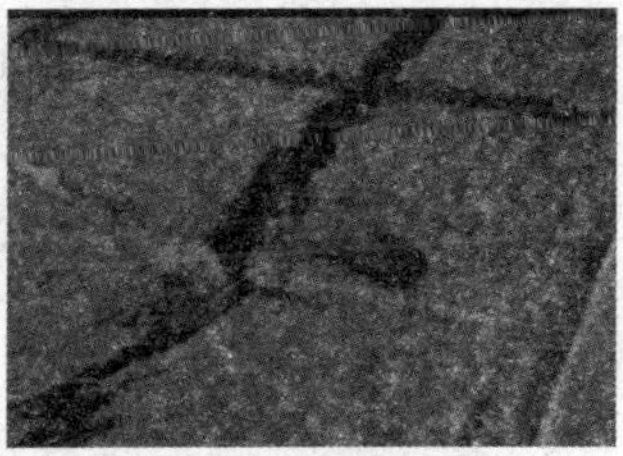

图 3－358

（2）做仰转俯然后一次划水、打水和身体向前翻转 180°动作练习（图 3－359～3－363）。

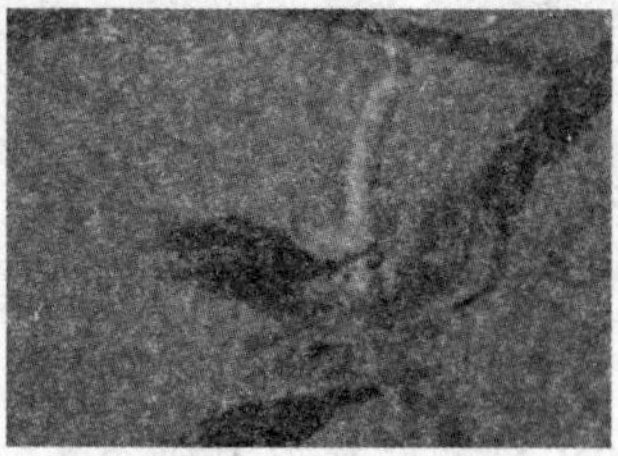

图 3－359

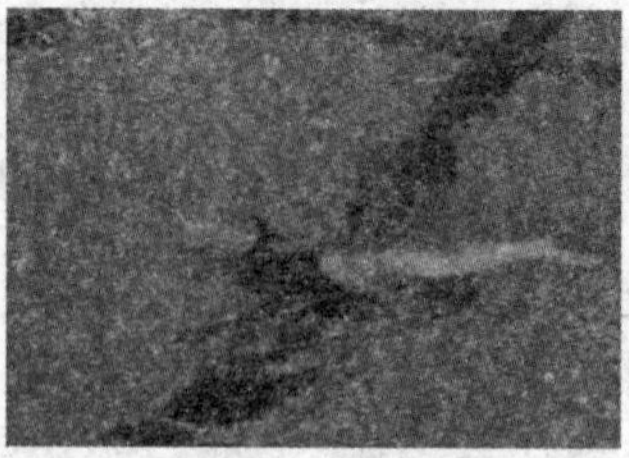

图 3－360

图 3－361

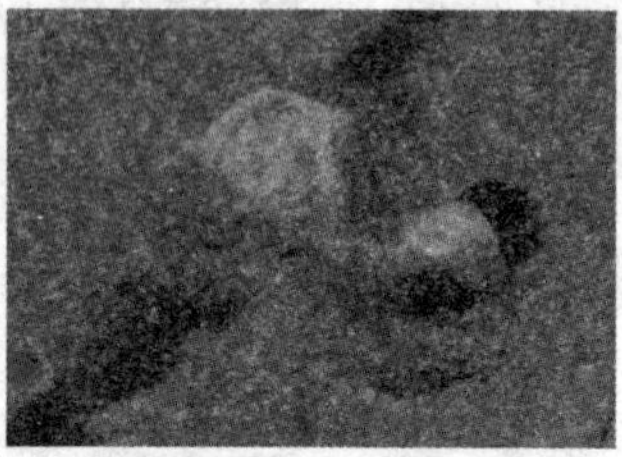

图 3－362

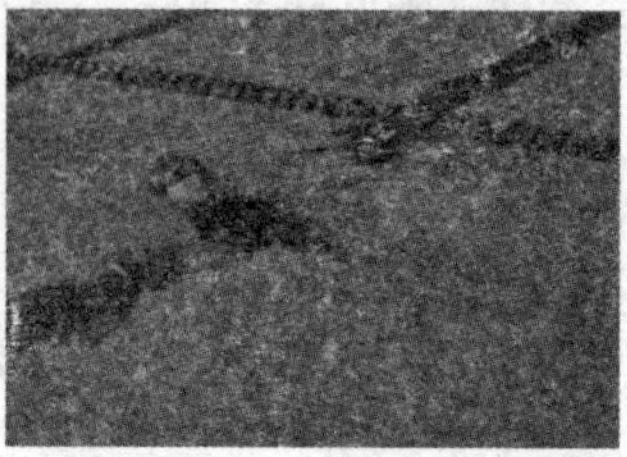

图 3－363

［练习提示］

仰转俯练习，应注意以臂带动身体绕纵轴侧转成俯卧后，体会最后一次划水、打水与向前翻转动作的协调配合。

三、蛙泳转身技术练习

［练习目的］掌握蛙泳转身动作，为长游和提高游速打好基础。

［练习重点］利用游近池壁的速度惯性作转身的动作。

［练习难点］向后甩头摆臂及呼吸的动作。

［练习要求］练习时要结合讲清竞赛规则，注意不要犯规。

［练习方法］

（一）陆上模仿练习

面对墙站立，两手扶壁，做蛙泳转身的模仿练习（图 3－364～3－368）。

图 3－364

图 3－365

图 3－366

图 3－367

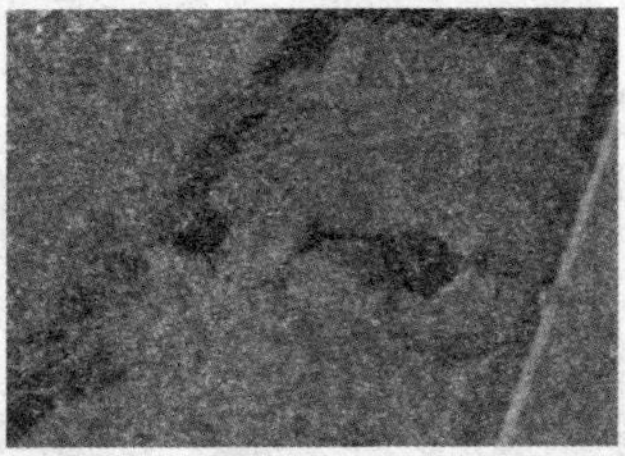

图 3－368

(二)水中练习

1. 在浅水中做陆上练习(图 3－369～3－371)。

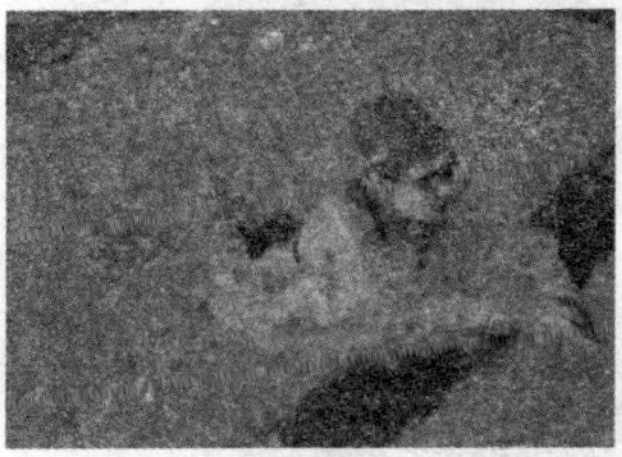

图 3－369

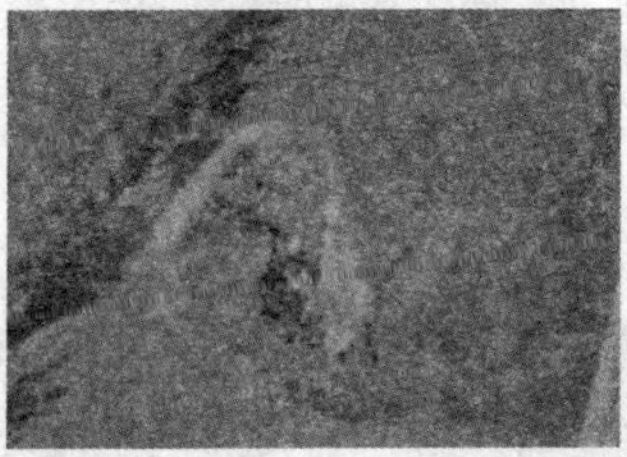

图 3－370

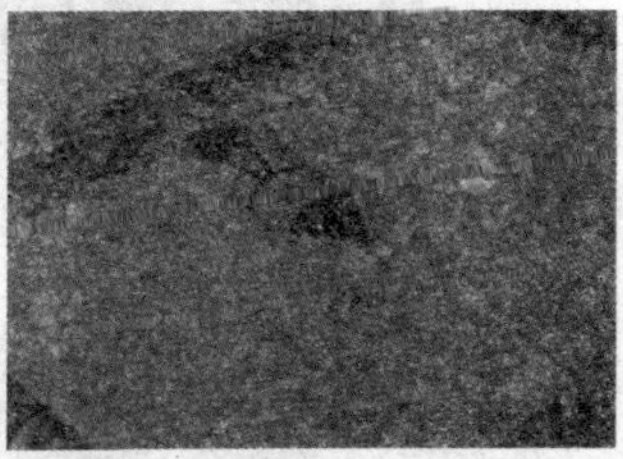

图 3－371

2. 游近池壁做完整的蛙泳转身动作练习。通过反复练习,掌握好转身距离。

[练习提示]

1. 完整蛙泳转身练习时,要求最后一次蹬完腿后两手紧接着触壁才能保证转身速度。

2. 触壁后马上屈臂,推手不宜过早。

3. 讲清蛙泳转身规则,不要犯规。

四、蝶泳转身练习

蝶泳转身动作与蛙泳转身动作相似，只是双臂由空中挥摆触壁改成水下前伸触壁，同样要求同时触壁。

[练习目的]掌握蝶泳转身动作，为增长游距和提高游速打好基础。

[练习重点]利用游近池壁的速度惯性做转身的动作。

[练习难点]向侧后甩头摆臂及呼吸的动作。

[练习要求]游近池壁时不能减速，双手触壁后屈臂，收腹收腿，向后侧甩头同时推摆双臂及蹬准池壁。

[练习方法]

(一)陆上模仿练习

面对墙站立，两手从空中前摆触墙，屈单腿团身、转体，单脚踏住墙(图3-372～3-376)。

图3-372

图3-373

图3-374

图3-375

图3-376

(二)水中练习

1. 游近池壁做蝶泳双臂触墙收腿，团身，上体后倒摆臂，双脚踏住池壁，不蹬出。游近池壁要有一定速度，做蝶泳转身，双脚踏住池壁后，双臂前伸，同时双腿用力蹬离池壁，向前滑行(图 3－377 ~3－381)。

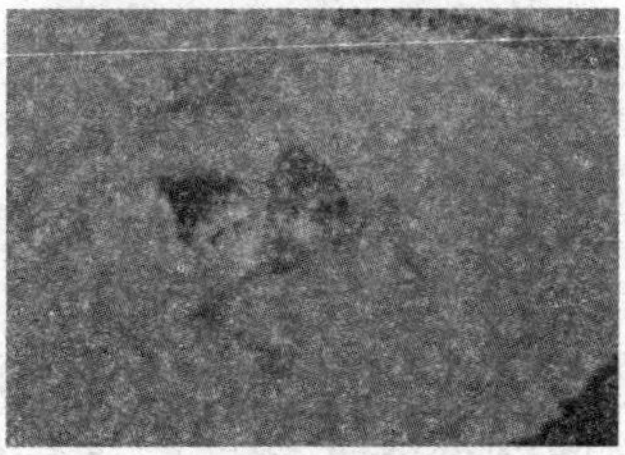

图 3－377

图 3－378

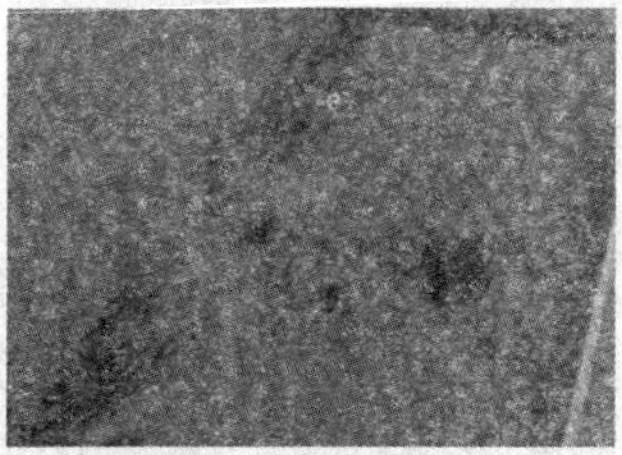

图 3－379

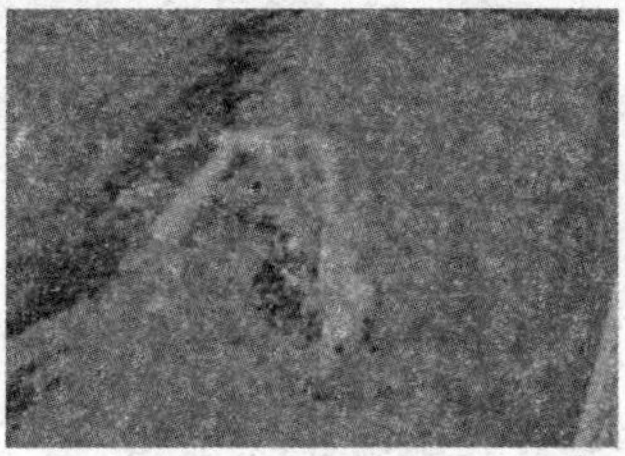

图 3－380

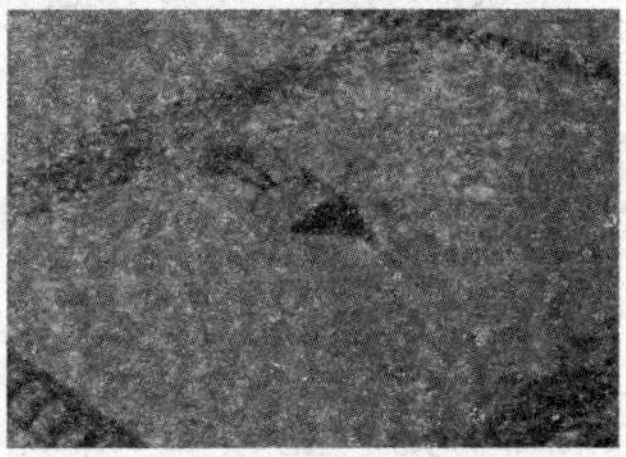

图 3－381

[练习提示]

1. 充分利用游进速度的惯性，加速转身，因此在游近池壁转身前不能减速。

2. 转身过程中，动作要连贯，中间不能停顿，身体转过时，双脚踏住池壁后，注意团身和用力蹬出。

3. 转身过程中，要注意不违反蝶泳转身规则规定。

第八节　游泳运动专项身体素质快乐练习方法

人们为在水中游得更快，时间更长，除了掌握正确的游泳技术外，还必须提高力量柔韧协调性，以克服外部阻力(水的阻力与身体的本身重量等)与内部阻力(肌肉的黏滞性、各肌肉间的对抗力、关节的伸展度等)。因此陆上练习是提高身体全面素质的良好手段之一。

世界上游泳水平先进的国家，均十分重视陆上全面体能训练。陆上训练对不同年龄、水平的游泳者，普遍适用，只是练习的项目、内容、要求上有所不同。对于刚进入训练的初学者，可以先从陆上着手，进行水上正确动作的练习。然后根据游泳运动的项目特点对关节柔韧性、灵活性等进行系统的训练，随着水上技术的掌握，逐步转入一定的力量练习。

一、柔韧性练习

游泳者进行柔韧性练习,除了能预防事故的发生,更主要的是为了增大关节运动的幅度。从而可以增大力的作用范围,促进速度、灵敏协调发展,减少肌肉阻力的作用范围。它与力量对提高运动成绩具有同样的意义。

一般来说,柔韧性素质在少年儿童时期比较容易发展,这是由于少年儿童正处于生长发育阶段,大脑皮质中形态和生物化学过程比较强烈、完善,对有关形式的刺激反应灵敏,且刺激的痕迹能深刻地保留在大脑中。因此在少年儿童期间进行适当练习,可以收到很好的效果。然而即使过了该素质的最佳年龄也无妨,只要持之以恒进行练习,也能收到显著效果。

游泳柔韧性素质主要是指肩关节的肌肉、肌腿韧带等软组织的伸展能力。其次为踝关节、膝关节、躯干、髋关节。提高关节柔韧性的练习方法很多,一般采用动力性拉长与被动性拉长相结合的方法。

(一)动力性拉长(亦称主动性拉长)

具有节奏速度快,多次重复的特点,比较典型的练习是关节操。

1. 关节操练习时注意事项

呈站立姿势时,身体必须保持直立,不能随臂而动。膝关节保持伸直,腹部微收。当上体前屈时,要求躯干保持约 95°,由腰部控制,膝关节不能弯曲,且所有动作必须到位。按要求完成,效果会更好。

2. 关节操练习次数

在第一阶段(开始学习游泳技术阶段),节数可自由掌握,每节以 20~30 次为宜。第二阶段(进入系统训练阶段)每天做 10 节,每节 50 次。

3. 关节操动作要领及目的要求如下表:

关节操动作要领及目的要求

动作	第一阶段要求	第二阶段要求	目的
1. 直臂前肩绕环(图 3-382~3-385)	两臂必须伸直,前绕时臂擦耳而过。身体保持站立姿势,重心跟着向上。臂向下、向后时要加速用力,向前、向上时应尽力向上伸。	向下至胸腹时要加快速度,并充分利用惯性。肩随臂转动,向上时尽量往上伸,动作充分伸展拉开。	增加肩关节灵活性,带动大肌群参与运动。
2. 直臂后肩绕环(图 3-386~3-389)	同上,仅动作方向相反。	同上,仅动作方向相反。要求双臂向下、向前时借助腰部、腿部的力量发力。	同上,并能借助腰腿力,寻找合力时机。

续表

动作	第一阶段要求	第二阶段要求	目的
3. 体前屈肩绕环(图 3-390~3-392)	上体前屈 95°,两臂用力经两侧向上,向内交叉绕环,重心上提,上体有所控制。	两臂向上绕环时,注意胸大肌,肩韧带向两侧拉开,背肌收缩,向下时则相反。	增大肩关节活动范围及大肌群活动能力。
4. 上体前屈两臂交替前绕环(图 3-393;图 3-394)	身体呈站立姿势,目平视。头部保持不动。上体前屈 95°,臂伸直向后绕环。	强调臂能与腰、腿部位协调管理。	加强臂与躯干、下肢的协调能力。
5. 双臂轮流后肩绕环(图 3-395;3-396)	身体呈站立姿势,目平视。头部保持不动,臂伸直向后绕环。	体会胸肌、背肌在向下、向前时,要加速用力,协调臂用力。	养成臂工作时,大肌群互相配合的能力。
6. 双手振背(图 3-397)	身体呈直立状态,双手重叠,体前上摆,重心随臂上提,两臂用力向后振。	臂离开耳际越远越好。	增加肩关节运动幅度。
7. 反臂体前屈振臂(图 3-398;图 3-399)	膝关节不准弯曲,胸朝大臂靠,手往地面靠。	同上,用力靠近地面。	提高躯干,肩关节的柔韧性。
8. 两臂前后交叉绕环(图 3-400~3-402)	身体保持直立,、重心往上提,肩随臂尽量往上、往前、往下、往后交叉环绕,两臂方向相反,幅度越大越好。	胸、背肌要协助向前向后的臂共同运动,及腰、腿部分配合。并体会身体重心随臂的环绕而逐渐上升。	增加难度,拉长肌肉长度,增加关节运动幅度,提高控制重心的能力。
9. 伸肩提踵(图 3-403;图 3-404)	两肩在颈后伸直并拢,提脚后跟并且肩尽可能向上伸展。	肩重心随臂上升、下移,臂向上要用力,向下放松,体会背肌、胸肌,上移、下落感觉。	提高肩关节灵活性,增加肌肉工作的伸长度及用力放松的交替感。

图 3－382

图 3－383

图 3－384

图 3－385

图 3－386

图 3－387

图 3－388

图 3－389

图 3－390

图 3－391

图 3－392

图 3－393

图 3－394

图 3－395

图 3－396

图 3－397

图 3－398

图 3－399

图 3－400

图 3－401

图 3－402

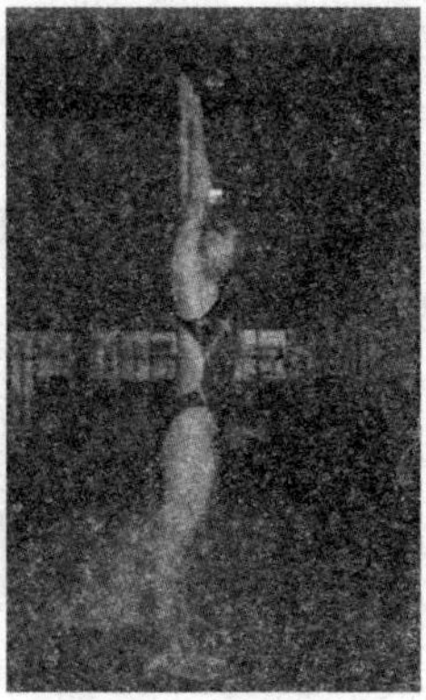

图 3－403

图 3－404

（二）被动性拉长（亦称静力性拉长）

以器械或同伴相助，缓慢动作来拉长肌肉，拉到一定程度转为静止不动。其主要练习有肋木柔韧练习与垫上柔韧练习，进行被动性拉长练习，必须注意切勿突然伸展。动作要缓慢，有所控制。快而突然地伸展练习，会导致肌肉、关节的损伤。

1. 肋木柔韧练习

肋木柔韧练习共 8 节，每节练习按 4×8 拍振动后，转为静止。

肋木柔韧练习动作要领及目的要求

动作	要求	目的
1. 双手正面压肩（图 3－405）	面向肋木站立，双臂前平举，手握肋木，肩带动胸部向地面振动。膝不可弯，臂必须伸直。	通过牵压，提高肩关节的伸长度。

续表

动作	要求	目的
2. 双手反臂压肩(图3－406)	背向肋木站立,双手反向,手间距尽量靠近,胸腹尽量前挺,肩部有牵拉感。	同上
3. 塌腰拉肩(图3－407)	胸部紧贴肋木,面向肋木站立,双臂向上伸直与胸部紧贴肋木,脚与肋木保持一定距离。挺胸,肩随手上升,塌腰翘臀,膝不可弯。	提高躯干柔韧性。
4. 站立体前屈(图3－408)	上体前屈,下肢紧贴肋木,膝关节伸直,胸部向腿部振动靠拢,双手握住脚腕处。	同上
5. 屈膝压腿(图3－409)	面向肋木,一腿上抬屈膝,脚踩肋木,腿呈弓形,身体向肋木振动。	提高髋膝关节的柔韧性。
6. 单腿屈髋划圆(图3－410)	面向并手扶肋木,髋关节屈,以膝关节为中心,与地面垂直,向内或向外划圆。	提高膝关节的柔韧性与灵活性。
7. 单腿屈膝划圆(图3－411)	面向并手扶肋木,膝关节屈,以髋关节为中心,人腿为半径,向内或向外划圆。	提高髋关节的柔韧性与灵活性。
8. 下蹲(图3－412)	面向肋木下蹲,手扶肋木,两脚后跟不离地,身体向下振动,并向前压。	提高膝、脚腕的柔韧性。

图3－405

图3－406

图3－407

图3－408

图3－409

图3－410

图 3－411

图 3－412

2. 垫上柔韧练习

垫上柔韧练习动作要领及目的要求

动作	要求	目的
1. 坐位体前屈（图 3－413；图 3－414）	呈坐位，两腿并拢，上体前倾，胸部向大腿靠拢，下颌向膝关节处伸。背不能弓，两手向前伸。	提高躯干柔韧性。
2. 分腿坐位体前屈（图 3－415；图 3－416）	身体呈坐位，两腿分开，身体前倾，向垫子贴近振动。接着转向左腿振动，然后再向右腿振动，双腿紧贴垫子。膝必须伸直，重复进行。	同上
3. 屈膝外展压腿（图 3－417；图 3－418）	身体呈坐姿，屈膝外展，脚掌相对，两手置于同侧膝关节处，用力向下振动，上体尽量前倾。	提高髋关节柔韧性。
4. 仰卧正踢腿（图 3－419；图 3－420）	仰卧垫上，两腿均呈伸直状，上踢腿，脚尖绷直，尽量向前额上方踢，两腿轮换。	同上
5. 俯卧撑下肢屈伸（图 3－421）	屈膝俯卧，双手撑地，然后伸膝、伸髋身体上移，手撑地支撑，身体后展，上、下肢与躯干动作协调用力。	提高躯干与髋关节柔韧性。
6. 俯卧臂屈伸支撑上体后振（图 3－422）	借手支撑的力，挺胸塌腰，双腿并拢，头后仰。	提高躯干柔韧性与腰部活动能力。
7. 下桥（图 3－423）	手、腿用力支撑，头后仰，腹向上挺出。腰向上挺出，腰反弓挺住，手与脚间距要近。	提高躯干柔韧性与手腕力量。

续表

动作	要求	目的
8. 压腿(图3－424)	呈屈腿跪坐式,随口令膝关节上抬,下压。上抬时膝关节要尽量抬高,臀部压住脚后跟。	提高脚腕柔韧性
9. 压蛙泳退(图3－425;图3－426)	双膝靠拢呈分开状,脚后跟与大腿间距大些,臀部不能离地。	提高膝关节灵活性。

图3－413

图3－414

图3－415

图3－416

图3－417

图3－418

图 3－419

图 3－420

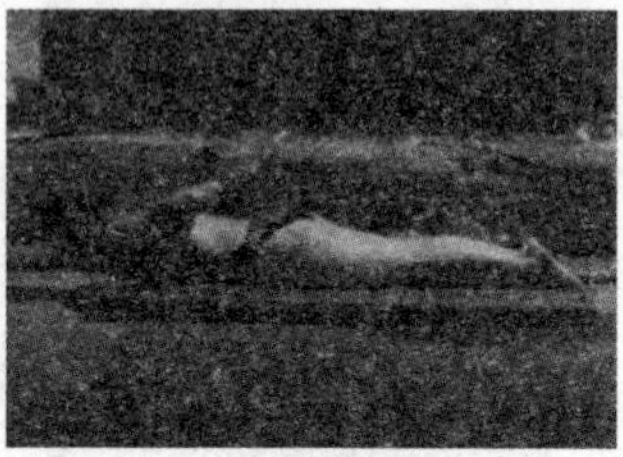

图 3－421

图 3－422

图 3－423

图 3－424

图 3－425

图 3－426

三、力量练习

根据少年儿童游泳的需要，发展其力量素质，一般分为臂部、腿部、腰部。提高这 3 部分肌肉力量的练习手段很多，下面仅就少年儿童力量训练主要采用的手段介绍如下：

(一)拉力

橡筋拉力弹性好,适宜儿童练习。

拉力练习不仅能提高臂部力量,同时能提高腰部、腿部的肌肉力量。因此说拉力练习是少年儿童进行力量练习的基础,也是技术训练的辅助手段。拉力练习分两个阶段,各阶段练习要求目的有所不同。

第一阶段(学习游泳技术阶段)

主要是学习如何用力与放松,所拉动作具有一定幅度,为水上掌握技术服务。

第二阶段(进入正规训练阶段)

主要体会臂用力时躯干大肌群,如背阔肌、胸大肌等,能协助臂一起工作,以及臂部借腰部、腿部力的时机掌握。同时作为提高肌肉力量的一种手段。拉力练习一般分为两种身体姿势进行:站立式与上体前屈式。

1. 站立式基本要求

重心必须上移,控制好躯干,膝不能随臂而动,腹微收。臂向上时肩部尽量拉开,臂向下拉时肩要感觉向上顶。

2. 上体前屈式要求

上体前屈约95°,姿势要控制住,重心前移,膝必须伸直不动。臂向前时肩部尽量展开,臂向后拉时肩要感觉往前顶。

3. 拉力动作到位标准

肩向前、向上拉时必须过耳,向后、向下拉时必须要超过大腿,而且必须加速进行。

拉力(细橡筋)练习动作要领及目的要求

动作	第一阶段要求	第二阶段要求	目的
1. 双臂由上向下拉(图3-427;图3-428)	身体呈站立式,双臂自然伸直,由上向下用力拉,向上顺势放松到耳际。动作要完整到位,注意身体位置控制。	向下时胸肌、背肌要配合双臂共同用力,臂至肩平时要加快拉速,同时体会用上腰部的力量。	符合水中技术要求,学会用力放松。
2. 两臂交替由上向下拉(图3-429;图3-430)	同上,两臂协调配合。	同上,强调两臂轮流借助腰部,腿部之力,且动作到位。	同上,并学会大肌群协同用力的能力。
3. 屈肘下拉(图3-431;图3-432)	身体呈站立式,下臂下拉时,肘关节保持不动,下臂还原时放松。	发力早,下拉用力,肘、肩依次前顶,还原放松。	提高水上抓水感觉,有利于高肘抱水。

续表

动作	第一阶段要求	第二阶段要求	目的
4. 双臂由前向后拉(图 3－433;图 3－434)	上体前屈保持 95°,双臂向后要用力,还原利用惯性放松。	同上,仅方向上变化。强调后半段的加速拉与腰、腿部协调用力。	增加难度,同时增强腰部力量。
5. 两臂前后交替拉(图 3－435;图 3－436)	两臂交替,一臂向前,一臂向后,身体前屈角度保持不变,膝关节伸直。	动作要协调到位,注意高肘和推水时的加速。	同上,同时提高两臂配合时的协调能力。

图 3－427

图 3－428

图 3－429

图 3－430

图 3－431

图 3－432

图 3 –433

图 3 –434

图 3 –435

图 3 –436

拉力练习动作很多,这里仅介绍以上 5 例。练习者可根据游泳技术及力量的需要,自行设计动作。其设计原则:必须与游泳技术的动作结构相结合,这样陆上拉力练习所获得的技能与力量,将会充分转变为水上技能,使水上训练效果更佳。

(二)单杠引体向上

正手握杠,两手间距约与肩同宽,身体自然垂直。练习时,屈肘将身体拉起,直至下巴超过单杠。然后还原重复进行(图 3 –437、3 –438)。练习次数可以从少到多。

(三)跑步

每周跑步 1 ~2 次。每次距离为 400 ~800 米。跑步时不强求姿势,仅要求能将重心提起。注意呼吸尽量深吸深吐(图 3 –439)。

图 3 –437

图 3 –438

图 3 –439

练习的目的:为改善与增强心血管系统的机能与腿部力量。

(四)跳绳

第一阶段

以平跳为主(图 3－440),采用两脚交替或双脚并拢跳形式进行。数量:(2～3)×100 次。

主要目的:提高灵敏性与心血管系统机能。

第二阶段

以双飞为主:臂甩绳 2 次,脚离地 1 次(图 3－441、3－442)。必须掌握甩绳与脚跳起动作的配合以及腰部发力的时机。数量:(3～5)×30 次。

主要目的是发展协调能力,增强腿部力量及心肺功能。一般每周安排练习 2～3 次,每次可按下图练习 1～3 式,每式可练 15 次。

图 3－440

图 3－441

图 3－442

跳跃练习动作要领及目的要求

动作	第一阶段要求	第二阶段要求	目的
1. 向上跳(图 3－443;图 3－444)	双臂随腿发力,注意肩向上伸,重心上移。	向上时,腰要控制并体会在空中的停滞感觉。	培养臂、腰、腿部的协调用力,兼练起跳的出发反应。
2. 俯卧击掌(图 3－445～3－448)	俯卧,手用力推地,和脚一起向上,双手击掌,然后落地。	脚还原时,腰部要有意后伸,腾空时间越长越好,注意落地缓冲。	提高臂、腿、腰部力量及协调性。

图 3－443

图 3－444

图 3－445

图 3－446

图 3－447

图 3－448

(五)腰、腹部练习

在这仅介绍两例:

1. 仰卧起坐(图 3－449～3－451)

仰卧垫上,两手指放耳际。收腹将上体抬起,并向大腿方向屈体。要求胸部紧贴大腿,收腹、屈体过程也要加速。膝关节必须保持伸直状。

图 3－449

图 3－450

图 3－451

2. 俯卧起上体（图 3－452～3－454）

由同伴相助，练习者俯卧垫上，双手指放耳际。同伴两手按住练习者脚踝部。练习时夹臀、挺腰将上体抬起，头后仰，上体向上、抬起须加速。

图 3－452

图 3－453

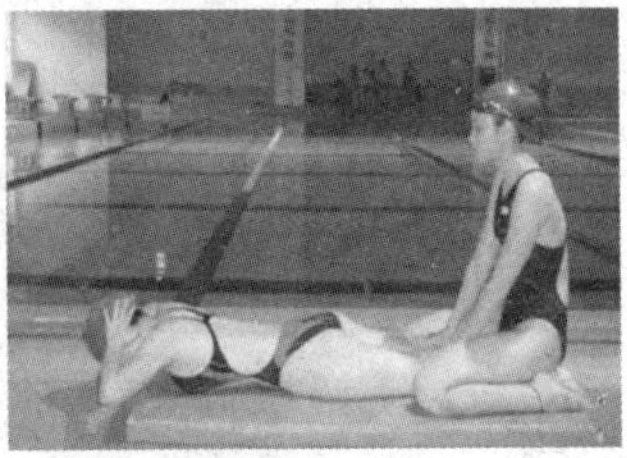

图 3－454

四、注意事项

陆上练习的安排及组合的基本原则：

（一）关节柔韧等练习的动作练习要对称，同时注意肩、躯干、下肢的有序组合，以期得到更好的效果。

（二）陆上力量练习要注意练习肌肉的转换，以及上肢与下肢力量训练的交替组合。

（三）必须重视课前的准备活动与课后放松伸展的整理。

第四章

游泳运动综合知识

在本章里面将给你介绍游泳中一些小百科知识，包括游泳运动对身体有哪些好处；一场激烈的游泳比赛，如何欣赏它的竞赛之美；泳坛明星的逸闻趣事，说不定以后你也是一颗泳坛明星。

第一节　游泳运动价值

一、强身健体的最佳选择

健康和运动专家们广泛认同游泳几乎是完美的，它是一种能提高有氧能力、柔韧性、力量、肌肉神经协调能力的运动项目。许多运动项目都会给身体造成劳损和损伤，但游泳是劳损和损伤率最低的体育项目。他给身体带来挑战，给灵魂和肉体带来振奋，以其迷人的魅力吸引你抓住你，使你的生命健康而又活力。里昂那多·古德曼在《华尔街周刊》上说道：世界上有两种人人都认为无害的东西，那就是游泳和酸奶。

图 4－1

二、人体循环系统的加油站

游泳时，人俯卧在水中。由于水的浮力，人在水中的体重很轻。平卧在水中可以减少血液循环系统的阻力和支撑器官的负荷，它的各种姿势都要求脊柱充分伸展，对防止驼背和脊柱弯曲有很好的效果。游泳还能增加呼吸系统的功能，在水中人的胸腔和腹腔都受到水的压力，经常的游泳可以使呼吸深度增加，肺活量提高。另外游泳使人从站立变为平卧时，血液由身体各部分移往胸腔，由于重力作用对心脏的压力减小，使血液回心房时容易，心率减慢。除此之外游泳还可以使心血管的弹性增加，毛细血管数量增加，明显地提高循环系统功能。

图 4－2

三、减肥、美容、塑体的良方

游泳能有效地消耗体能脂肪,因为水温与体温相差约 10 摄氏度,这会加速人体热量的散发,消耗量加大,很多人都有游泳后胃口大开或饥饿的感觉。身材相对肥胖者在游泳后控制饮食,无疑是一种减肥的好方法。另外,游泳还有美容护肤的功效,游泳是在水中进行,长期湿度较高的环境,对皮肤是很好的滋润与保养,再加上水对皮肤的按摩作用,这就是我们平时看到从事游泳项目的运动员皮肤特别光润的缘故。游泳对青少年身高和体态健美也有很好的作用,由于骨骼经常运动,软骨的新陈代谢旺盛,细胞不断分裂骨化,且骨骼间摩擦相对较小,促进了骨骼的增长。据资料统计,在同样年龄、性别、生活环境下的人,参加游泳者比不参加游泳者身材平均高 4 ~6 厘米。

图 4 –3

四、防病治病有疗效

参加游泳锻炼,可以提高对水温、气温的适应能力,增强体质。很多患哮喘病的儿童就是通过游泳锻炼,增强了体质和对寒冷的抵御能力,减少了哮喘发作次数甚至治愈了哮喘病。对于身体瘦弱者和许多慢性病患者,如神经衰弱、慢性支气管炎、高血压、冠心病等有明显疗效。许多康复中心都将水中运动当作治疗慢性病和身体恢复的重要手段。

五、素质教育的良好手段

现在家庭大部分是独生子女，缺少艰苦环境的磨炼，意志品质相对薄弱。有人曾对送孩子参加游泳学习班的家长进行了调查，大多数家长让孩子学习游泳的目的除了学习一种自我保护的技能，使他们的身体得到锻炼外，更重要的是让孩子在学游泳的过程中锻炼意志品质，因为学游泳的第一步就是要克服怕水的心理，随着教学活动的进行还要克服怕苦、怕冷、怕累这些心理。随着这些心理的克服，孩子的自制力会得到提高，自信、坚毅、勇敢的良好习惯也会形成。

图 4－4

六、心理调节的灵丹妙药

游泳对调节情绪起到良好作用。在紧张的学习或工作之余，情绪会处于焦虑、忧郁、浮躁不安等情况中，到游泳池中游上几趟，通过水流对身体的摩擦和冲击，形成一种特殊的按摩方式，它不仅使肌肉得到放松，还会使紧张的神经松弛下来，恢复积极和健康的心理状态。另外在游泳时会结识新的朋友，满足了人的交往需求。

第二节　游泳运动的几大赛事

游泳从群众性娱乐发展到规定距离、姿势和方法来比速度的竞赛也就是近百年的事。1896 年举行的首届奥运会并没有比赛的游泳池，而是在地中海附近的齐亚湾海水中进行比赛。游泳比赛水线十分特殊，是用几排串起来的南瓜分隔成为泳道。比赛的方法是把选手用小船载到深水处，发令员估计距离差不多了便发令让运动员游回岸边。当时的比赛项目叫"自由泳"，实际上是自由发挥，各显其能。现代的游泳比赛和那时相比，从场地设备到竞赛规模都不可同日而语。重大国际比赛有以下几种：奥运会游泳比赛、世界游泳锦标赛、泛太平洋游泳锦标赛、欧洲游泳锦标赛、亚运会游泳比赛、亚洲游泳锦标赛、世界杯游泳短池系列比赛、世界短池游泳锦标赛、亚太地区年龄组游泳锦标赛等。

一、奥运会游泳比赛

最隆重、规模最大、水平最高的国际游泳比赛是奥运会游泳比赛。它共设有男女 34 个项目，比赛 7 天，有固定的竞赛日程，也就是说每天比什么是固定不变的。这种固定的竞赛日程对所有的参加者来说机会是均等的，固定的日程也有利于教练员和运动员采取有针对性的训练。奥运会游泳比赛设有报名标准，只有达到了报名标准的运动员才能够参加比赛。奥运会的游泳比赛分为预赛和决赛，预赛一般安排在上午，决赛在晚上。所有参加预赛的运动员按比赛成绩取前 16 名参加决赛。第 1 ~ 8 名参加 A 组的比赛，按成绩排出 1 ~ 8 名，前三名发给金、银、铜奖牌，第 9 ~ 16 名参加 B 组决赛，按比赛成绩排列第 9 ~ 16 名的名次。

图 4 – 5

二、亚运会游泳比赛

综合性的运动会中较为重大的游泳比赛还有亚运会的游泳比赛(图4－6)。在亚洲游泳实力较强的是日本,近年韩国正在崛起,与中国相差无几,中国游泳水平的提高首先是从冲出亚洲的第9届亚运会上开始的,也就是从这时起,中国的游泳开始走向世界。

图4－6

三、世界游泳锦标赛

世界游泳锦标赛始于1973年,这是由国际泳联组织的单项锦标赛,它吸引了世界各地的高手参加。世界游泳锦标赛每隔两年举行一次。第1届在南斯拉夫的贝尔格莱德,中国从第4届起开始参加比赛。

图4－7

四、欧洲游泳锦标赛和泛太平洋游泳锦标赛

欧洲游泳锦标赛是欧洲传统的国际比赛，它一般每隔两年举行一次，比赛安排在8月份。竞赛日程与奥运会游泳相同。由于欧洲国家水平较高，因此这项比赛的争夺非常激烈。这么高水平的比赛，其他一些游泳强国美国、澳大利亚、日本、加拿大都无缘参加。据此，由这4国发起，从1985年开始，举办泛太平洋游泳锦标赛，每两年举办一次，环太平洋沿岸的国家都可以参加这个比赛，比赛日期安排在欧洲锦标赛之前，是长池的重要比赛。它吸引了许多世界级的高手参加，因此和欧洲锦标赛一样，已成为传统游泳比赛。

五、世界杯短池系列赛与世界短池锦标赛会徽和吉祥物

游泳运动受天气、温度的限制，当天气冷的时候，在气候寒冷的国家，都要在温水池及游泳馆内进行训练。游泳馆的造价往往高于游泳池的造价，因为它多了许多的附属设备。出于各种原因，25米的室内游泳池开始大批出现于世界各地。这种25米馆比起50米的大馆不仅造价低，而且使用、维护都很方便经济。从20世纪80年代起，我国也建了大批的25米室内馆。因此25米室内的短池比赛也就应运而生，首先是欧美各国、前苏联等国有短池对抗赛，继而出现世界杯短池系列赛，规模越来越大，参加人数越来越多，最后出现了世界短池锦标赛。

图4-8

第三节　如何欣赏游泳比赛

随着社会的进步和新闻媒体的迅速传播，同亲身参加体育活动一样，一种被称之为信息消费性的体育——观赏体育，也日益成为人们生活中的重要组成部分。观赏体育可分为直接观赏和间接观赏，直接观赏指去体育场馆观看比赛，而间接观赏则指通过电视观看体育比赛，通过观赏体育比赛我们可以了解其项目的竞赛特点、竞赛规则、基本的技战术。同时我们还可以欣赏运动员形体美、健康美及项目的运动美和行为美。在清澈透底的池水中，“浪里白条”挥臂飞舞，奋力拼搏，别有一番情趣，吸引众多的观众，为此呼叫呐喊。

下面游泳池简单地介绍一下：

前面讲过一个标准的比赛游泳池长50米或25米，水深2米以上（图4－9），池壁两端水面下至少1.2米深，设有休息台，便于到达终点的运动员休息。灯光照明必须在1500勒克斯以上（图4－10）。水面由9条分道线分割成8条泳道，泳道宽2.5米（图4－11）。分道线两端5米以内的浮标颜色必须与其他不同，提示运动员做转身准备或到达终点的准备。在游泳池底分道线中间有一根长46米，宽20～30厘米的黑线，称为泳道标志线（图4－12），为俯卧游进的运动员提供目标防止游歪，两端“T”线表明离池端2米的距离（图4－13）。各泳道中央两端上各有一个狭长“十”字形的池端目标标志线，目的是使运动员准确分辨池壁。出发台设在泳道中央，其高度是以出发台前缘高出水面50～70厘米为标准（图4－14）。跨越池子上空离两端5米处，有两根系有多面小旗的仰泳转身标志线，提醒运动员为转身或到达终点做准备（图4－15）。横跨游泳池出发一端15米处，有一根出发召回线，拦住出发抢码的运动员。

图 4－9

图 4－10

图 4－11

图 4－12

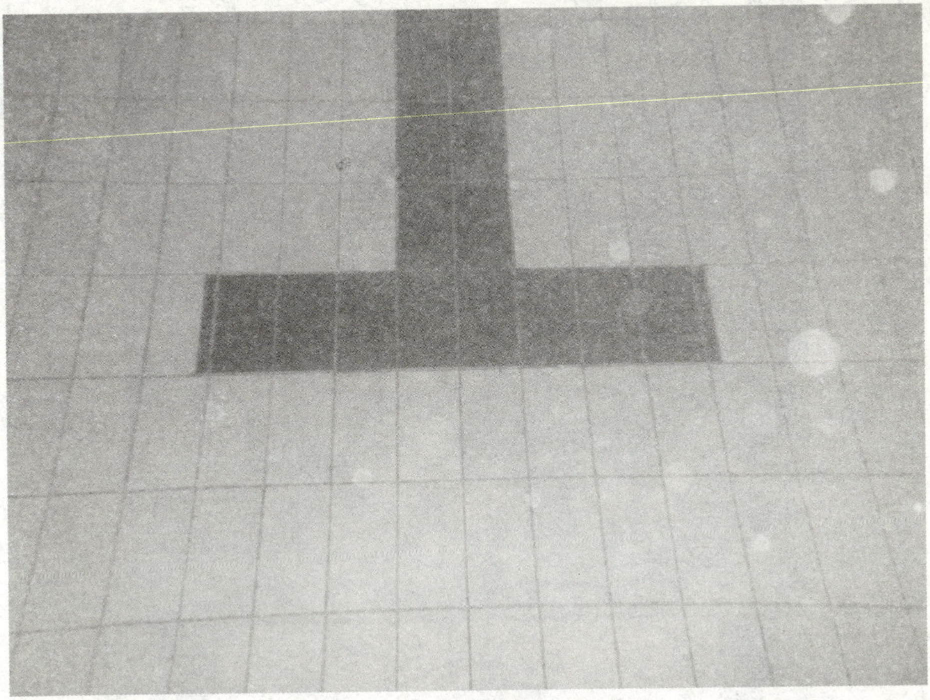

图 4－13

图 4－14

图 4 - 15

根据国际泳联规定,凡打破世界纪录的成绩,必须是通过自动计时装置计取的,它的精确度达到千分之一秒。竞技游泳分为自由泳、仰泳、蝶泳、蛙泳及混合泳和接力等不同泳式和距离的比赛。自由泳、蛙泳、蝶泳都必须在出发台上出发,仰泳从水中出发。比赛时连续短哨声示意运动员上台出发,仰泳运动员入水,第二声长哨时运动员做好出发准备,听到“各就位”的口令后,运动员应立即完成出发前的准备。笛或枪声一响,运动员蹬离出发台或池壁出发。

途中的游进是运动员训练水平、技术风格、战术安排的集中体现,在超短距离的项目中始终保持较高的速度加上最后的冲刺,其他短距离项目一般采用前程保持、后程加速的方法,保证有力地冲刺。中长距离项目,则根据平常训练水平保持游速均匀,提高动作的实效,中程以后开始加速,把握好自己的节奏。

接力比赛最为激烈,场面壮观,反映一个队的整体实力。速度快、反应灵敏的安排在第一棒,水平高、意志顽强的放在第四棒,以期最后一搏。

到达终点触壁(板),在高水平实力相当的比赛中,同样显得十分重要。水平相当的对手在最后都会加快动作频率,以争取先触壁。大型比赛都采用电动触板,只有快而有力的触板,才能触停计时器,否则形成所谓“二次触板”,贻误胜利的战机。一般的游泳比赛没有复赛，只有预决赛。决赛分成 A、B 两组，A 组为预赛成绩的前 8 名，按决赛成绩排列 1 ~ 8 名，B 组为预赛成绩的 9 ~ 16 名，按决赛成绩排列前 8 名以后的名次；两组的名次不能按决赛成绩重新确定，如果 B 组运动员成绩超过 A 组运动员成绩并打破纪录，则名次只能放在 8 名之后，而破纪录成绩则予以承认。每组运动员泳道的编排按成绩的好坏，分别编排在 4/5/3/6/2/7/1/8 泳道上，也就是说成绩最好运动员被编排在中间的泳道上。

观众在现场观看游泳比赛时，只有了解一般的常识，才能保证看比赛时看懂，从而去欣赏游泳运动带来的美。进入游泳馆后，要保持馆内卫生，不能随地吐痰，场内禁止吸烟；为了比赛的顺利进行，不能坐压水线，遵守场内秩序。裁判员入场时，一般会有音乐，观众应随着音乐的节奏鼓掌；介绍运动员时，也要有一定的掌声表示鼓励；在裁判员发令时，全场都应该保持安静，让运动员能很清楚地听到发令声；运动员入水后，鼓掌和欢呼都是必要的；升国旗、奏国歌时应庄严。下面就观赏游泳比赛注意事项简要介绍一下。

观赏游泳比赛的注意事项

1	树立一种正确的比赛审美观念，保持一个良好的审美心情，善于在比赛的瞬间去感知美，捕捉到美。
2	为运动员呐喊、助威的同时应避免不文明的行为习惯，如介绍运动员时发出“嘘”声，运动员在游进时喝“倒彩”等。
3	欣赏运动员的人体美，游泳运动员大都肌肉匀称健壮，线条优美，动作姿势轻捷、矫健而富有节奏感。
4	多角度、多层次去观看比赛，通过自己的声音和肢体语言去渲染比赛气氛，用心去感受比赛的魅力。
5	欣赏比赛过程，注意欣赏运动员比赛过程中出色的技术动作和灵活多变的战术，欣赏他们的拼搏精神及勇敢顽强的意志品质。
6	欣赏比赛的结果，在比赛结束时不仅要为胜利者喝彩，还要为失利者鼓掌。

第四节　游泳名人简介

一、游泳先生——马克·施皮茨

出生日期：1950 年

身高：1.85 米

体重：79 千克

图 4－16

马克·施皮茨于 1950 年 2 月 10 日出生于美国加利福尼亚州的莫德斯托，他是有史以来最伟大的游泳运动员之一。马克·施皮茨是公认的游泳天才，他青少年时代就已经上了大报的头条并逐步成为世界巨星。在 1968 年奥运会上，施皮茨曾公开宣布他的计划是获得 6 枚金牌，但结果他仅获得 2 枚接力赛金牌。墨西哥归来，马克开始加大运动量，也进入了统治期。时间定格在 1972 年慕尼黑奥运会上，时年 22 岁的施皮茨获得 7 枚金牌而独领风骚——他获得了 100 米自由泳、200 米自由泳、100 米蝶泳、200 米蝶泳和 3 项接力赛的金牌。施皮茨是继芬兰长跑名将努尔米、前苏联体操选手拉特尼娜之后第三个获 9 枚奥运会金牌的运动员，先后 35 次打破自由泳和蝶泳世界纪录，人称“飞鱼”。施皮茨被评选为 1969、1971 和 1972 年 3 届世界游泳先生，1977 年入选了国际游泳名人堂。

二、俄罗斯“冰人”——亚历山大·波波夫

出生日期：1971 年

身高：2.00 米

体重：90 千克

图 4－17

亚历山大·波波夫是 20 世纪 90 年代最杰出的短距离自由泳运动员，“冰人”这个称号特指波波夫在大赛前的冷静沉稳，他曾 4 次刷新世界纪录。波波夫在 1992 年巴塞罗那和 1996 年亚特兰大奥运会上均获得了 50 米和 100 米自由泳金牌。1994 年 6 月在摩洛哥，波波夫创造了 100 米自由泳 48 秒 21 的世界纪录。同年，在罗马举行的第 7 届世界游泳锦标赛上，他夺得 50 米和 100 米自由泳两枚金牌。1998 年在澳大利亚第 8 届世界游泳锦标赛上又夺得 100 米自由泳冠军。从 1990 年到 1998 年，他共获得 15 项欧洲冠军、获 4 枚奥运会金牌和 3 次世界锦标赛冠军。

三、大脚鱼雷——伊恩·索普

出生日期:1982 年

身高:1.95 米

体重:90 千克

伊恩·索普 6 岁开始学游泳,他成功的基本要素是:①水性特别好;②自觉的刻苦训练;②他有一双 17 码的大脚;④他家庭对他的支持与鼓励。索普降生时身长 56 厘米,体重 4.14 千克。14 岁时身高长到 1.82 米;16 岁时身高 1.92 米。他脚穿 17 码鞋,这为他的速度提供了很大的动力。他于 1999 年 8 月在悉尼举行的泛太平洋游泳锦标赛上,4 天之内连破 4 项世界纪录,这 4 项纪录是:400 米自由泳纪录;半决赛和决赛 200 米自由泳纪录;4 ×200 米自由泳接力。2000 年悉尼奥运会上,索普获得了 400 米自由泳、4 ×100 米自由泳接力、4 ×200 米自由泳接力金牌。

图 4 – 18

2001 年,在澳大利亚游泳锦标赛上,索普 3 天内获得男子 200 米自由泳、400 米自由泳和 800 米自由泳 3 项桂冠。2004 年雅典奥运会上他又一人独得 200 米、400 米两项自由泳个人冠军。

四、蛙王——北岛康介

出生日期:1982 年

身高:1.77 米

体重:69 千克

北岛康介出身于东京的一个做肉饼的家庭,身高只有 1.77 米他先天条件并不好,而且身体不具备较好的柔韧性。但 100 多年来,全世界只有 4 人在同一届世界大赛中同时获得 100 米和 200 米金牌,而连续两届成为双冠王的只有北岛康介一个人。

北岛康介在总结自己的成功时说:“我的成功不是来自天赋,而是来自刻苦训练。如果你看完我的训练,就知道我的金牌是怎样获得的了。亚洲男选手由于自身条件的限制,必须比欧美选手更加努力,才能超越他们。”他的 100 米蛙泳全程的划水次数为40次，一次划水可以游进3米多，一次蹬腿的距离是2米——这个距离全世界只有他一个人能做到，一般情况下最好的选手一次蹬腿的距离是1.8米。北岛康介也是世界上唯一能做到滑行后没有停顿的选手。出身贫寒的北岛，自幼便养成了吃苦耐劳的特征，中学时为了坚持到游泳中心训练，他每天坐地铁往来，从不迟到缺席。1996年，初中二年级的北岛康介在东京游泳中心遇到了平井伯昌，从此跟随他练习蛙泳，北岛康介的成功与其教练平井伯昌所领导的“北岛队”的支持分不开的。这支队伍包括运动生理学家、游泳技术研究专家、肌肉训练专家以及情报专家。北岛是一个凡人成功模本以及自身和团队的一心一意雕琢而成。

图4－19

五、王者——迈克尔·菲尔普斯

出生日期:1985

身高:1.93米

体重:83千克

美国“神童”菲尔普斯15岁时崛起世界泳坛，成为当时入选美国奥运会游泳队最年轻的选手，并在悉尼奥运会上崭露头角。说菲尔普斯是一个游泳天才一点也不为过。他身高1.93米，但臂长却是惊人的2.01米；他的双手也很大，手指修长；一般人的重心刚好在肚脐之上，菲尔普斯的重心却高于肚脐10厘米；还有他的关节异常的灵活，这是他先天的身体结构。另外还有不可思议的地方，菲尔普斯的肺活量达到15000毫升，同样的运动量后与身体疲劳有关的体内乳酸代谢仅为其他高水平运动员的一半。这些众多的优秀条件加上他的刻苦训练，这使他一个人获得的金牌可以与一个国家相比，雅典奥运会上他获得6枚金牌，北京奥运会上斩获

8 枚金牌,奥运会简直成了他一个人独自表演的舞台。菲尔普斯的成功让全世界的孩子喜欢上游泳,也让游泳运动更加普及了,这对世界游泳运动是一个巨大的贡献。

图 4-20

第五章

游泳运动的卫生保健

游泳是一项深受人们喜爱的体育活动，到游泳池游泳必须注意安全，自觉遵守游泳安全和卫生守则，防止发生意外事故和传染病。

第一节　游泳运动应急与救生知识

游泳的水上救护主要包括自我救护、直接救护、间接救护3种救护形式。对于游泳者而言应该有自我保护的能力和意识。

一、自我救护

（一）抽筋

在水中自我解救抽筋的方法，主要是拉长抽筋的肌肉，使收缩的肌肉松弛并伸展。抽筋常发生的部位大腿、小腿、手指、脚趾及腹部的自救常采用如下方法：

1. 大腿、小腿或脚趾抽筋

保持镇静，先吸一口气仰浮在水面上，用抽筋肢体对侧的手握住抽筋肢体的脚趾，同时用力拉向身体，并用同侧手掌压在抽筋肢体的膝盖上，帮助抽筋腿伸直（图5-1）。

2. 大腿骨四头肌抽筋（即大腿的正面）

屈膝抓住足背后拉，并向臀部压，使足跟及足底尽量靠近臀部，使抽筋的部位变软复原为止（图5-2）。

3. 手指抽筋

手紧握成拳，然后用力张开，反复几次，直到抽筋消除为止（图5-3；图5-4）。

4. 上臂抽筋

握拳并尽量屈肘，使前臂紧贴上臂，然后用力伸直，并按摩抽筋部位；如此反复动作直至复原为止（图5-5；图5-6）。

图 5－1

图 5－2

图 5－3

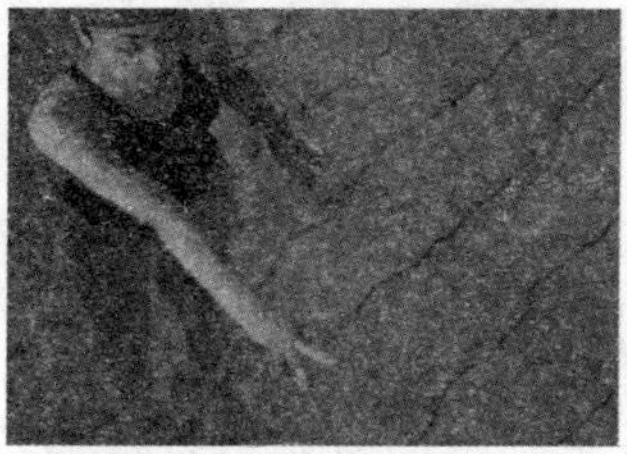

图 5－4

图 5－5

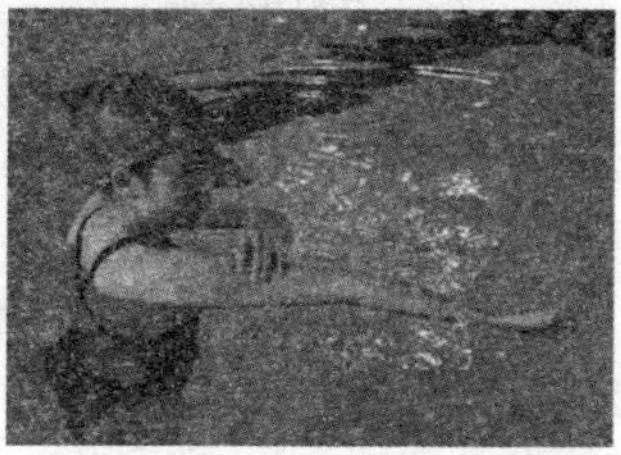

图 5－6

（二）呛水

呛水后不要惊慌，应迅速调整呼吸，或使头露出水面做出几次水面游泳动作，也可做原地踩水动作，休息一会即可恢复正常（图 5－7）。

图 5－7

图 5－8

图 5－9

（三）耳朵进水

如果耳朵进水，在水中可用吸引法，将头偏向有水一侧，用手掌紧压进水的耳朵，闭气，快速提起手掌，连续几次即可（图 5－8；图 5－9）；也可在岸上将头偏向有水一侧，手扯耳朵，连续进行几次单足跳即可（图 5－10）。

（四）头晕与皮肤过敏

遇到此类情况应立即游向岸边，上岸后看是否缓解，如果严重应以最快的速度去看医生。

图 5－10

二、水上直接救护技术

（一）岸边间接救护技术

当在水边遇到溺水者的时候，救人是刻不容缓的事。如果身边有救生圈、竹竿、绳子、木板等物，应当立刻掷给落水者。岸边救护技术就是在岸边利用现场的救生器材，如救生圈、竹竿、绳子、毛巾、木板等器物，对溺水者进行施救的一种方法。

1. 手助和衣服

在离池岸较近的地方发现溺水事故时，可用手或衣服将溺水者拖救上岸（图5－11；图5－12）。

2. 竹竿

出现溺水者时，可用竹竿伸向溺水者，注意不要伤到溺水者。溺水者抓住后，将其拖到岸边（图5－13）。

图5－11

图5－12

图5－13

（二）直接救护技术

一个具有一定水性的人，在不能实施间接救护时，此时还要亲自下水救护，因此救护者应当懂得直接救护技术。

1. 入水

入水要快，眼睛盯住目标。熟悉水情时，可做头先入水的出发动作，出水动作要快（图5－14）。

不熟悉水情时，入水时可采用跳起后两臂侧平举，一腿向前方伸直，一腿稍屈后伸的八字方式入水（图5－15）。

2. 游近溺者

游近溺者速度要快，一般采用抬头自由泳，要保持沉着，注意保存体力。如溺水者在挣扎，要等到他不再挣扎为止，从背后去接近他（图5－16）。

图 5－14

图 5－15

图 5－16

3. 水中拖运

对于溺者拖运时，要溺水者脸部露在水面上。拖带的方法很多，下面简要介绍几种拖带方法。

（1）托颚带人

赴救者一手掌心托住溺水者下颚，屈肘用小臂抵住溺水者肩膀，使其下颚向上，头部露出水面，另一手向上将溺水者背部上扶，使其身体与水面平行，赴救者用侧泳或反蛙泳前进（图 5－17）。

（2）夹胸拖带

赴救者一手托颚将溺水者扶平，另一手自溺水者头旁滑过，抱住其对侧腋窝下，肘关节平贴在溺水者胸前（图 5－18）。如果溺水者挣扎厉害，将另一手转到溺水者背部，与抱胸的手相扣，以控制住其身体。拖带过程中，救生员的抱胸手的同侧髋关节应顶住溺水者腰背部，保持水平位置，采用反蛙泳或侧泳前进。

（3）双手托臂带人

赴救者一手托颚将溺水者扶平，随后另一手掌心向上，托住溺水者同侧手臂，然后用原托颚手，掌心向上再托住另一手臂上臂处（图 5－19）。拖带时双臂伸直，将溺水者两臂拉高，与肩关节齐平，并使溺水者头部靠在赴救者身上，采用反蛙泳腿或侧泳前进。

图 5－17

图 5－18

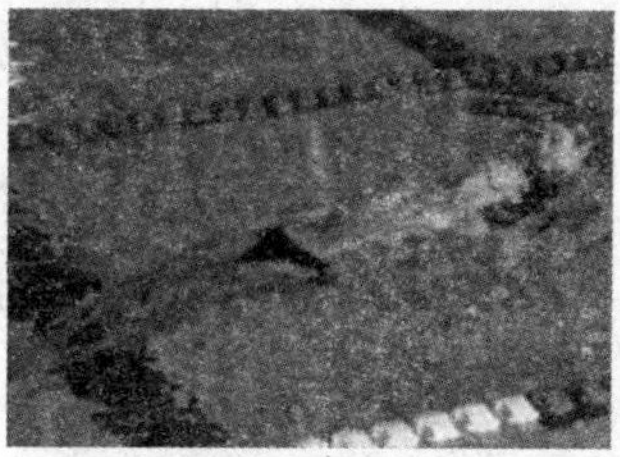

图 5－19

4. 挣脱溺者

溺水者大多数头脑不清醒，要挣扎，抓住任何东西都不会轻易松手。这时就要求救护者使用在水中解脱的方法。救护者在解脱时，动作要迅速、熟练、果断。

解脱方法之一：单手被抓——转腕解脱法

当扑救者右手背溺水者右手抓住时（图 5－20），扑救者可用被抓的右手上提转腕外翻下压解脱（图 5－21），并用右手及时抓住溺水者的右手腕向右拉出，使溺水者背紧贴赴救者前胸（图 5－22），另一手夹胸控制住溺水者。

图 5－20

图 5－21

图 5－22

解脱方法之二：单手被抓——推击法

如赴救者右手被溺水者左手抓住时（图 5－23），赴救者可用左手虎口推击溺水者的左手腕部。推击时应迅速、有力。解脱后，应紧握溺水者左手腕部（图 5－24），并及时把溺水者的左手向赴救者左侧拉出，使其背贴救生员前胸（图 5－25），夹胸控制住溺水者。上臂被抓时也可沿用此方法。

图 5－23

图 5－24

图 5－25

解脱方法之三：交叉手被抓解脱法

当扑救者双手交叉被溺水者抓住时（图 5－26），赴救者用上面手臂（以右臂为例）的肘部，撞击溺水者另一侧（左手）腕部（图 5－27），先解脱赴救者的左手，然后转腕解脱右手，趁势将溺水者向右面拉出，转动 180°后，左手臂穿过溺水者前胸托住其右腋，控制住溺水者（图 5－28）。

图 5 – 26

图 5 – 27

图 5 – 28

解脱方法之四：单手被双手抓握解脱法

赴救者的左前臂被溺水者双手抓住时（图 5 – 29），赴救者右手虎口向下，用力撞击溺水者另一侧（右手）腕部（图 5 – 30），使其溺水者松开一手，并紧握溺水者右手，然后，赴救者上身前倾，以右上臂近肘处回击溺水者左手腕部，使其全部解脱（图 5 – 31），趁势将溺水者右手向赴救者的右侧拉出，并将溺水者转体 180°，呈背贴赴救者前胸（图 5 – 32），然后夹胸控制。

图 5 – 29

图 5 – 30

图 5 – 31

图 5 – 32

解脱方法之五：正面头部被抱持解脱

当溺水者正面抱住赴救者头部时（图 5 – 33），赴救者应立即低头缩下颚，同时双手按住溺水者腹部（图 5 – 34），使其上推后做 180°转身，并使溺水者脸朝上，露出水面；然后采用托颚方式将溺水者拖带至安全地带（图 5 – 35）。

图 5－33

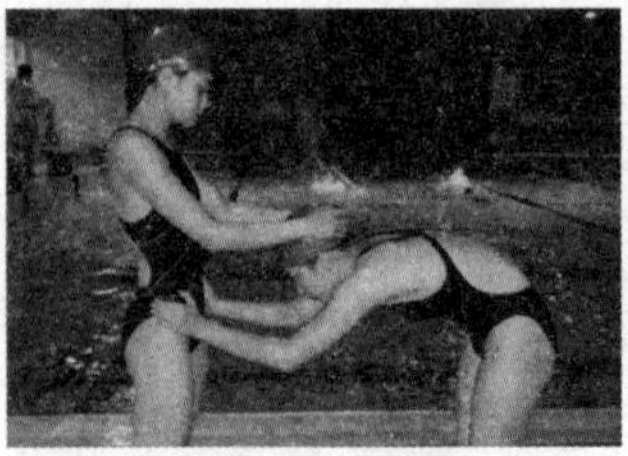
图 5－34

图 5－35

解脱方法之六：正面颈部被抱持解脱

当溺水者正面抱住赴救者颈部时（图 5－36），赴救者右（左）手按住溺水者肩胛部，左（右）自溺水者两臂中间穿过，以掌心托住其下颚（如溺水者脸在右边，则以右手托其下颚，在左边，则以左手托其下颚）；赴救者以掌心将溺水者口部封住，再以食、中指夹住其鼻，使其无法呼吸（图 5－37）；然后赴救者左手上推，而右手则将溺水者右肩胛内拉，低头使溺水者做 180°转体后（图 5－38），使其露出水面。赴救者以右（左）手用托颚方法将溺水者拖至安全地带。

图 5－36

图 5－37

图 5－38

解脱方法之七：背面颈部被抱持解脱

当溺水者背面抱住赴救者颈部时，赴救者应收下颚，保护喉部（图 5－39），同时分清楚溺水者哪只手压在上面；然后赴救者上举双手，如溺水者左手在上时，赴救者用右手紧压溺水者左手腕部（图 5－40），左手上推溺水者左肘部，自己的头部同时也随之向右侧转出（图 5－41）；然后赴救者用右手抓紧溺水者左手臂肘部，将其拉向赴救者胸前（图 5－42），并及时夹胸，控制住溺水者。

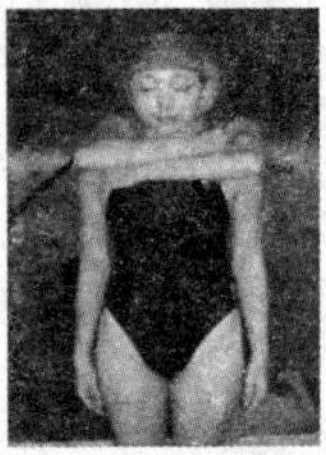
图 5－39

图 5－40

图 5－41

图 5－42

解脱方法之八：胸部正面被抱持解脱

当被溺水者从正面抱住赴救者的腰部时（图 5－43），赴救者可以一手的食、中指紧夹溺水者的鼻，掌心盖住溺水者的嘴，并用掌跟托住溺水者的下颚，用力向前推出，迫使溺水者头部后仰，另一手抱紧溺水者的腰部，并用力向自己的方向压（图 5－44），迫使溺水者松开手，之后及时将溺水者转体 180°（图 5－45），夹胸控制住。

图 5－43

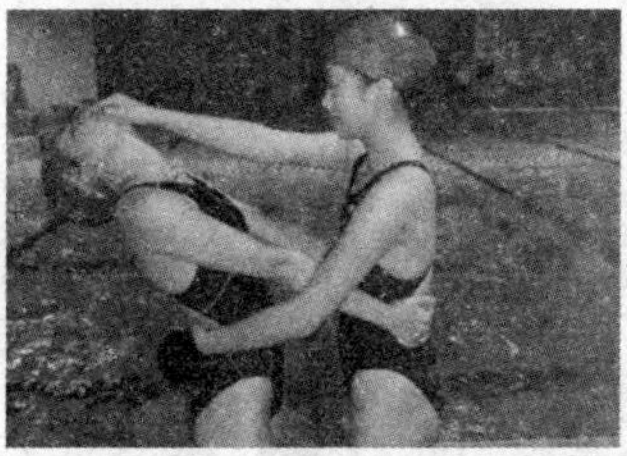
图 5－44

图 5－45

解脱方法之九：胸部背面被抱持解脱

当赴救者被溺水者从背面抱持时（图 5－46），赴救者应紧握住溺水者两手的拇指或者其他手指，向身体两侧用力（图 5－47），使其向外展开，两臂呈侧平举（图 5－48）；然后赴救者放开溺水者一臂，并从溺水者身体一侧腋下绕至溺水者身后，夹胸控制住。

图 5－46

图 5－47

图 5－48

（1）出水方法

如一人救护溺者出水时，用右手握住溺者右臂。将其右手先放在岸上，随后再用左手将溺者的右手压在岸边，再用右手将溺者的左手重叠其右手之上，并用自己左手压住溺者右手上方，然后自己先上岸，接着两手握住溺者手腕，先向下将他沉一下，再借水的浮力，将他拉上岸（图 5－49～5－54）。

图 5－49

图 5－50

图 5－51

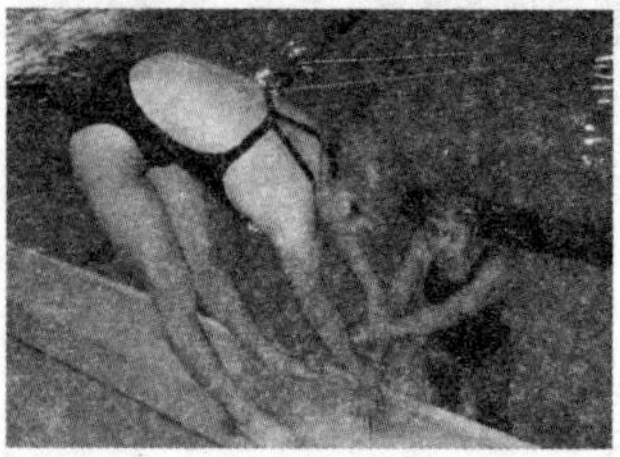

图 5－52

图 5－53

图 5－54

（2）运送方法

只有一人运送时，救护人的右臂从溺者两腿间穿过，并抓住他的右手，用右肩背起溺者。送至目的地后，救护者先跪右腿，左手撑地，慢慢坐下，用左手抱溺者颈部，松右手，将溺者下肢放在地上，右手抓住右臂，然后将他的左臂放在自己的大腿上，两手慢慢地将溺者放在地上。

如图

①背起溺者（图 5－55；5－56）。

②救护员一手拉溺者的手，另一手扶着溺者的大腿，将其控制在救护人员背上（图 5－57）。

图 5－55

图 5－56

图 5－57

③将溺者脚先着地（图 5－58）。

④把溺者的下肢放在地上(图 5 -59)。

⑤把他上身也放地上(图 5 -60)。

图 5 -58

图 5 -59

图 5 -60

多人运送时,将溺者俯卧于地上,两人站在他的两侧各以一臂穿过溺者手臂,并握住肩关节处,另一人在后面抬住两大腿,三人同时将溺者抬起,使他的头下垂,这样在托运途中,还能使溺者把水空出(图 5 -61;5 -62)。

图 5 -61

图 5 -62

6. 岸上急救

将溺者救上岸后,要尽快进行急救处理。如溺者已经昏迷,呼吸很微弱或已经停止,应立即进行心肺复苏术,进行抢救。

(1)检查有无意识

溺者救上岸后,首先喊叫溺者或拍其肩膀,若有意识,应保持安静,迅速送往医院,若没有意识,则应立即进行畅通呼吸道的操作。方法:抢救者应轻拍患者面部或肩部,并大声问:"喂,你怎么啦?"(图 5 -63)。

(2)呼救

如患者对呼救、轻拍无反应,说明已无意识,抢救者应在原地高声呼救:"快来人啊! 救命!"目的是叫人来协助急救或请求旁观者拨打急救电话"120"。同时进行下一步措施(图 5 -64)。

注意,在呼救急救电话时应说明:

①事情发生的地点(详细地址,包括明显的路标;)

②当时所用的电话号码;

③何种事件或病情；

④需救助的人数；

⑤对受难者进行了那些帮助(已做的和正在做的)。当对方已听明白，放下电话后，才可挂断电话。

图 5－63

图 5－64

(3)将溺水者摆成仰卧体位

为复苏有效，必须使溺水者仰卧在坚实的平面上，头不可高于胸部，要与躯干呈水平。抢救者的位置应双腿跪于(或立于)患者的一侧。单人抢救时，抢救者身体位于溺水者肩部水平位置，两腿自然分开，两膝盖分别在溺水者的头部和胸部水平位(图 5－65)，这样有利于进行吹气和按压。双人抢救时，两人相对，一人跪于溺水者头部水平位负责人工呼吸，另一人跪于患者胸部水平位负责胸外心脏按压。

(4)开放气道

救护人员一手扶在溺者的额前，另一只手扶住溺者的颈后部，将其下颌向前抬起，以助头部后仰。这样气道可保持通畅(图 5－66)。若异物堵塞喉部，可用双手拍其上背，如果呕吐物堆积在溺者口腔里时，可用手绢缠绕手指掏出异物，并擦净口腔。

图 5－65

图 5－66

(5)人工呼吸

①检查有无呼吸

在保持呼吸道通畅的情况下，抢救者用耳贴近溺水者的口鼻，采取一看、二听、三感觉的方法，检查有无呼吸。一看其胸部有无波动，二听有无呼吸的声音，三感受有无吐气的气息。若有呼吸，则应立即送往医院，若无呼吸，则应立刻进行人工呼吸。

如果溺水者有自主呼吸，应继续保持呼吸道畅通。如果无自主呼吸，应检查有无异物阻塞，如有异物，应立即清除，待清除后，再观察。如溺水者在打开气道，清除口腔内的异物后仍无呼吸，应立即采取人工呼吸。

②人工呼吸法

保持气道畅通，抢救者用拇指和食指，捏住患者的鼻孔，深吸气，用双唇包住溺水者的口唇，然后缓慢而持续地进行两次充分地吹气（图 5－67;5－68）。第一次吹气完毕，观察溺水者的胸部。如果吹气有效，患者胸部会膨起，并随着气体的排除而还原，然后再做下一次吹气。如果发现吹气无效，可调整患者头部位置，使气道畅通。若仍不通气，说明气道被异物阻塞，需要清除气道异物。

图 5－67

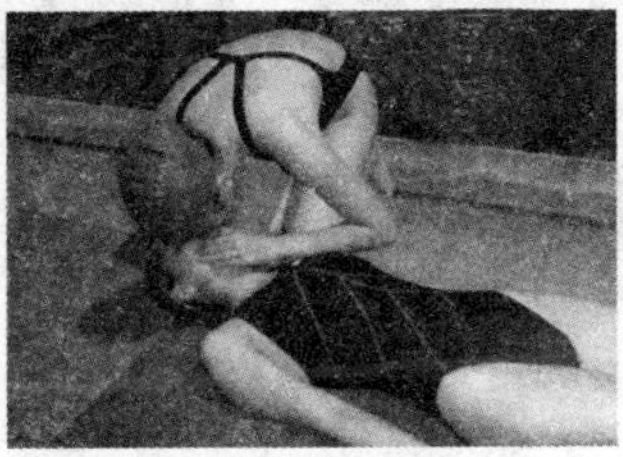

图 5－68

(6)人工循环

①判断有无脉搏

判断患者心跳是否停止，常用触摸颈动脉来确定。抢救者用一只手置于溺水者前额继续保持其头部后仰的同时，另一只手的食指和中指尖并拢，沿喉结向靠近抢救者一侧滑动到胸骨乳突肌前缘的凹陷处（图 5－69）。判断有无脉搏时应注意，因脉搏可能缓慢、不规则或微弱而快速，可触摸颈动脉 5～10 秒钟来确定。正确判断有无脉搏很重要，因为对有脉搏的患者进行胸外心脏按压，会引起严重的并发症。

如果有脉搏而无呼吸，则只需进行人工呼吸，开始两次吹气。以后每分钟 12 次，即每 5 秒吹气一次。如果摸不到脉搏，则可确定心跳停止。此时应迅速通知医疗急救单位，并同时在开始两次吹气后，进行下一步胸外心脏按压。

②胸外心脏按压

首先把胸骨分为上、中、下各 1/3 段，准确的按压部位应在胸骨的中 1/3 段与下 1/3 段的交接处。抢救者用触摸颈动脉一手的食指和中指，沿患者靠近抢救者的一侧的肋弓下缘，向上滑行到两侧肋弓的汇合处。将中指定于汇合处，食指与中指并拢；另一只手掌跟从前额移至紧靠在自己的食指旁并平放，即胸骨的中 1/3 与下 1/3 段的交界处。然后，将定位手掌跟放在另一手的手背上，使双手掌重叠，十指相扣，手心翘起离开胸壁，保持力量集中于胸骨上（图 5－70）。

正确的按压技术要求抢救者上半身前倾，两臂伸直，两肘关节不可弯曲。利用上半身的体重和肩，臂部的力量，垂直向下按压，用力均匀，按压深度 4～5 厘米。每次按压后要充分放松，使胸部恢复正常状态，按压速度为每分钟 60～80 次。放松时，手掌跟不可离开胸壁，以免因改变位置而做无效的按压或造成损伤（图 5－71）。

图 5－69

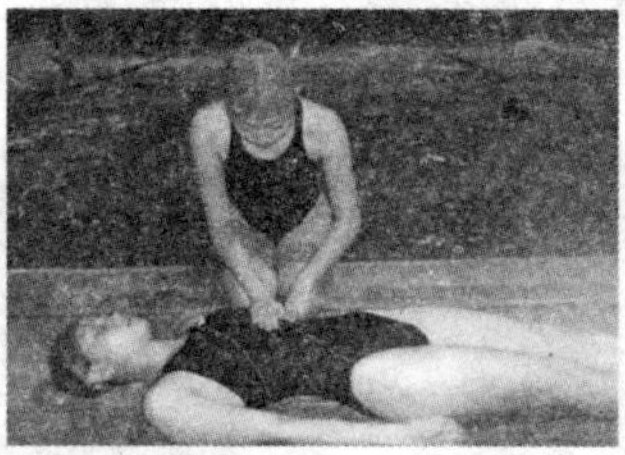

图 5－70

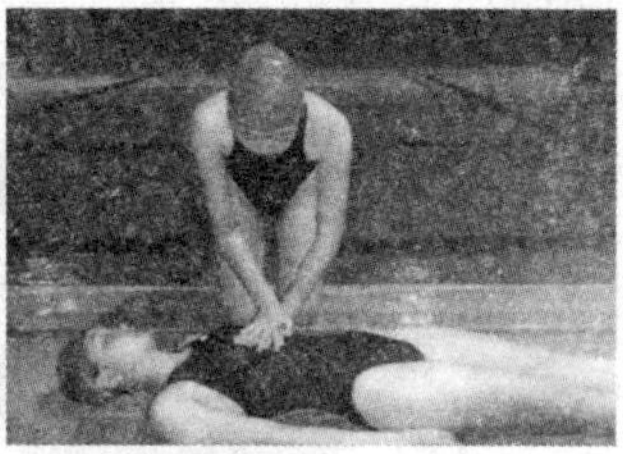

图 5－71

第二节　游泳运动常见运动损伤

一、蛙泳膝关节损伤

膝关节损伤是蛙泳运动员常见的疾病之一，这种损伤有时伴有剧烈的疼痛。

（一）损伤产生的原因

1. 蛙泳蹬腿时，为了使小腿内侧对准水，蹬腿动作必须使膝和胫骨外旋，而内侧副韧带的主要功能使防止膝关节外翻和胫骨外旋。当蹬腿用力不当时，内侧副韧带承受不了这一大强度工作，引起损伤。

2. 初学者或游泳运动员，由于局部负担过重，如单一集中的蛙泳教学，蹬腿的训练比例过高或主项蛙泳训练量过多，由局部疲劳而引起的损伤。

3. 动作技术不正确，用力不合理。蛙泳的小腿蹬腿方向不正确，蹬腿的没有节奏。

(二)预防措施

1. 加强下肢力量训练，特别要加强大腿内收肌群的力量。训练前，做好充分的准备活动，如多做膝绕环、下蹲、左右侧压腿等练习，还可用手按摩或用水摩擦膝部。

2. 在蛙泳练习中，可把划手和蹬腿交替穿插起来进行练习。蛙泳的训练比重要适当，不可过分集中训练单一蹬腿动作，以防局部疲劳而引起损伤。

3. 发现膝伤后，应减量或停止训练，或改变泳式，等伤愈后再训练，严重者就医。

二、游泳性眼结膜炎

游泳性眼结膜炎，俗名“红眼病”，症状使眼发红、刺痒、结膜充血持续不消，并伴有怕光、流泪和眼屎增多等症状。预防措施为加强池水消毒，池水中的余氯含量要控制在规定的指标范围内。禁止患“红眼病”者游泳，以免感染他人。有条件的可带游泳眼睛游泳，以免受氯气侵袭或细菌感染。游泳后，最好使用一些氯霉素眼药水或金霉素眼药膏。

三、游泳性耳病

游泳性耳病是指因游泳而引起的外耳道感染和中耳炎。其症状是：耳部红肿发烧，疼痛剧烈，严重者流脓血。患中耳炎者还伴有头痛、发烧、恶心、呕吐等症状。

(一)产生原因

1. 游泳池水不清洁，细菌侵入外耳道或水过咽管侵入中耳。

2. 游泳时，水灌入耳内未能及时消除，用手指或外物挖损外耳，或耳膜被挖破穿孔，细菌直接侵入外耳和中耳。

3. 上呼吸道发炎、感冒时游泳等。

(二)预防措施

要到水质经过严格消毒处理后的游泳池或天然游泳场去游泳；凡患有耳膜破裂或穿孔者，停止游泳；要注意正确呼吸，避免呛水。最重要的是，耳内灌水后不要随便去挖，可用“跳空法”即头侧向灌水耳一侧，用手掌紧压在该耳的耳廓上，屏住呼吸，然后迅速提起手掌，一压一吸，连续做几次，即可将水吸出。

四、游泳性鼻窦炎

鼻窦的开口与鼻腔相近，所以在游泳时如果呛水，就有可能把水带入鼻窦。其症状是：鼻梁两侧上部疼痛，鼻流清水，严重时流脓鼻涕等黄色分泌物。

（一）产生原因

鼻窦炎产生的主要原因是游泳时呼吸不正确，鼻冲水或口呛水时带有细菌的水侵入鼻内，在身体抵抗力弱的情况下引起此病。

（二）预防措施

鼻窦炎的预防主要是掌握正确的呼吸方法，避免呛水。若发生鼻子进水，不可用力捏鼻子，这样会把水从鼻咽腔弄到中耳去，容易引起中耳炎。如果已发生鼻窦炎，则要听从医嘱，抓紧治疗，或游泳后用热毛巾放在鼻梁上做热敷，以促进局部血液循环，帮助消炎。

第六章

游泳竞赛规则与裁判工作

本章主要阐述游泳竞赛基本的规则以及各个裁判员的工作方法。更有利于我们了解游泳运动和观赏游泳运动。

第一节　游泳竞赛基本规则

一、比赛通则

(一)泳道安排

在设有8条泳道的游泳池比赛时,同一组成绩最好的运动员或接力队,应安排在第4泳道上,其他运动员或接力队按成绩的高、低,以5、3、6、2、7、1、8泳道的顺序进行安排。如果泳池的泳道数是奇数,根据报名成绩,同一组成绩最好的运动员或接力队应编排在中间泳道,成绩次好的应安排在其左侧泳道。再次好的安排在右侧泳道。成绩相同的运动员或接力队员用抽签方法决定先后。

(二)比赛和犯规

1. 运动员必须在自己的泳道内按竞赛规程游完全程,否则即算犯规。

2. 游出本泳道或用其他方式干扰、阻碍其他运动员者应取消其录取资格。

3. 由于某运动员犯规而干扰、阻碍其他运动员获得优良成绩时,则应准许被干扰、阻碍的运动员参加下一组比赛或补测成绩。如在决赛中发生上述情况,应令该组重新决赛(犯规运动员除外)。

4. 比赛中,运动员转身时必须使身体某一部分触及池壁。转身必须从池壁完成,不得在池底跨越或行走,否则即算犯规。

5. 自由泳比赛中或混合泳中的自由泳一式比赛中,允许运动员在池底站立。但不得跨越或行走,否则即算犯规。

6. 在比赛中不允许拉分道线,否则即算犯规。

7. 在比赛中,运动员不得使用或穿戴任何有利丁其速度、浮力、耐力的器具,否则即算犯规,但可戴护目镜。

在比赛中不允许陪游、带游，不允许速度诱导或采取任何能起速度诱导作用的办法，否则即算犯规。

8. 每一个接力队应有 4 名队员，接力比赛中任何一名队员犯规即算该队犯规，任何接力队员在一次接力比赛中只能参加一棒比赛。

9. 接力比赛时，如本队的前一名运动员尚未触及池壁，而后一名运动员即离台出发，应算犯规。如该运动员重新返回并以身体任何部分触及池壁再行游出时，不作犯规论。

10. 运动员全部到达终点后要尽快离池，否则即算犯规。接力比赛前三棒运动员游完后，在不影响其他运动员比赛的情况下尽快离池，不得触动自己和其他泳道自动计时装置，否则即算犯规。

11. 在一项比赛进行过程中，当所有比赛的运动员还未游完全程前，未参加比赛的运动员如果下水，应取消其原定的下一次比赛资格。在接力比赛过程中，当各队的所有运动员还未游完之前，除了应游该棒运动员之外，任何其他接力队员进入水中，该接力队将被取消录取资格。

二、各泳式比赛规定

（一）蛙泳比赛规则

1. 出发和每次转身后，从第一次手臂动作开始。身体应保持俯卧姿势，两肩应与正常水平面平行。

2. 两臂和两腿的所有动作都应同时并在同一水平面上进行，不得有交替动作。

3. 两手应在同一水面、水下或水上由胸前伸出，并在水面或水面下向后划水。除出发和每次转身后的第一次划水动作外，两手向后划水不得超过臀线。

4. 在蹬腿过程中，两脚必须做外翻动作，不允许做剪夹、振颤式或向下的海豚式打腿动作，只要不做向下的海豚式打腿动作，允许两脚露出水面。

5. 在每次转身和到达终点时，两手应在水面、水上或水下同时触壁，触壁前两肩应与水面平行。在触壁前的一个完整或不完整的配合动作中，头应部分地露出水面、但在触壁前的最后一个向后划水动作结束后，头可潜入水中。

6. 在每个以一次划臂和一次蹬腿顺序完成的完整动作用周期内，运动员的头的某一部分应露出水面，只有在出发和每次转身后。运动员可将全身没入水中做一次充分的向后划至腿部的动作和一次蹬腿动作，但在第 2 次划臂至最宽点并在两手向内划前，头必须露出水面。

（二）自由泳比赛规则

1. 自由泳比赛中，可采用任何泳式。

2. 转身和到达终点时,可用身体任何部分触池壁。

3. 在自由泳比赛中,可在池底站立,但不得跨越或行走,否则即算犯规。

(三)仰泳比赛规则

1. 运动员面对出发台,齐排于水中,两手抓住握手器,两脚(包括脚趾)应处于水面下。

2. 随“出发信号”和转身后,运动员应蹬离池壁,并在整个游进过程中呈仰卧姿势。除在做转身动作外,运动员必须始终仰卧。正常仰卧姿式允许身体做转动动作,但不得转至与水平面呈90°。头部位置不受此限。

3. 在整个游进过程中,运动员身体的某部分必须露出水面,在转身过程中,允许运动员完全潜入水中。但在出发和每次转身后,运动员潜泳距离不得得超过15米,在15米前运动员的头必须露出水面。

4. 在转身过程中,当运动员肩的转动超过垂直面后,可进行一次连续单臂划水或双臂同时划水动作,并在该动作结束前开始滚翻。一旦改变仰卧姿势,就必须做连续转身动作,任何打水或划水动作必须是连续转身动作的一部分。运动员必须呈仰卧姿势蹬离池壁。转身时运动员身体的某部分必须触及池壁。

5. 运动员在到达终点时,必须以仰卧姿势触壁。触壁时允许身体潜入水中。

(四)蝶泳比赛规则

1. 从出发和每次转身后的第一次手臂动作开始,身体应保持俯卧姿势,允许水下侧打腿。任何时候都不允许转成仰卧姿势。

2. 两臂必须在水面上同时向前摆动,并同时在水下向后划水。

3. 两腿打水动作必须同时进行。两腿或两脚可不在同一水平面,但不允许有交替功作,不允许蹬蛙泳腿。

4. 在每次转身和到达终点时,两手应在水面、水上或水下同时触壁。

5. 在出发和每次转身后,允许运动员在水下做一次或多次打水动作和一次划水动作,这次划水动作,必须使身体升到水面。在整个游进过程中运动员身体的一部分必须露出水面。允许在出发和每次转身后潜泳,距离不得超过15米,在15米前运动员的头必须露出水面,运动员必须使身体保持在水面上。直至下次转身或到达终点。

(五)混合泳

1. 个人混合泳须按照下列顺序进行比赛:蝶泳—仰泳—蛙泳—自由泳。

2. 混合泳接力须按照下列顺序进行比赛:仰泳—蛙泳—蝶泳—自由泳。

3. 在个人混合泳和混合泳接力项目的比赛中,每一泳式都必须符合比赛规则的有关规定,在仰泳转蛙泳过程中,运动员必须呈仰卧姿势触及池壁。

第二节　竞赛组织与裁判员

一、游泳竞赛组织

游泳竞赛大会成立竞赛委员会，根据大会的精神和要求，全面负责大会的各项工作，委派裁判员和工作人员，以保证竞赛规程、规则在竞赛中得以顺利进行（图6－1）。

全国和省、市的游泳比赛裁判人员设置如下：

●总裁判1人，副总裁判1~3人。

●技术检查员4人。

●发令员2~3人。

●转身检查长2人。（终点端和转身端各一人）

●转身检查员每条泳道两端各一人。

●编排记录长1~2人，编排记录员6~10人。

●检录长1~2人，检录员5~8人。

●宣告员1~2人。

●司线员1~2人。

●自动计时长一人，自动计时员1~2人。

在未使用计时装置而用人工计时替代时，应配备计时长1~3人，计时员每条泳道3人。（其中一人由终点端转身检查员兼任。基层比赛的裁判员人数可根据比赛的具体条件安排）（图6－2）。

图6－1

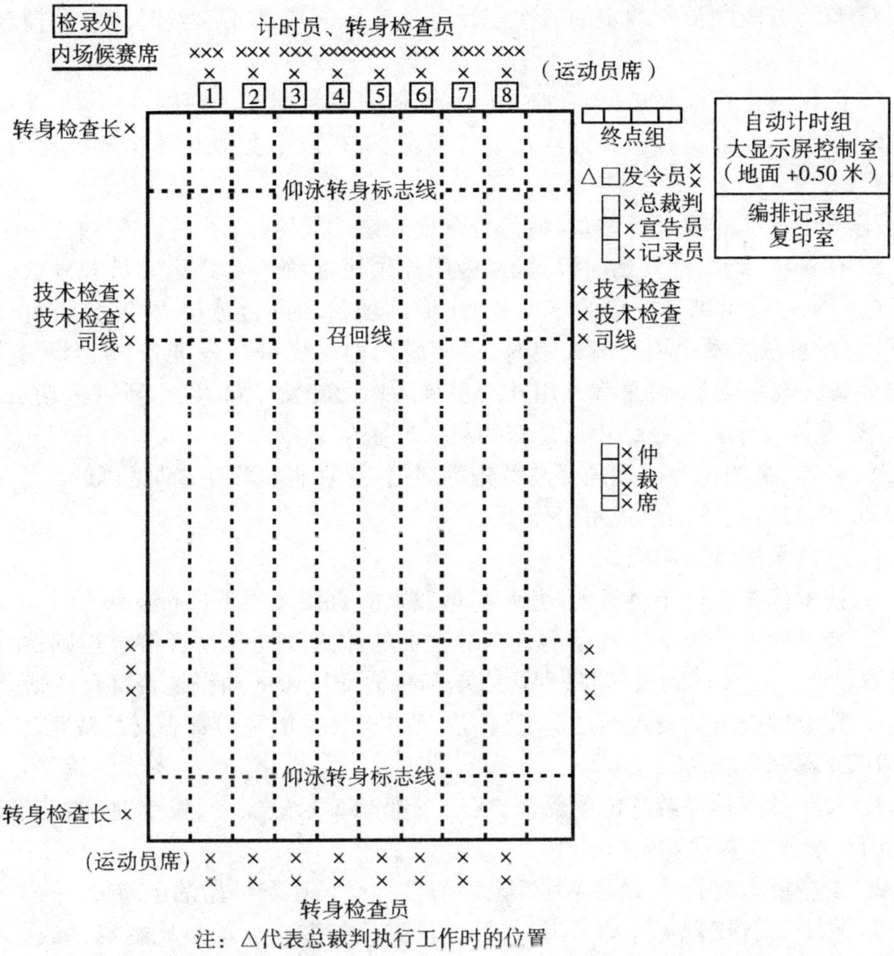

图 6－2

二、裁判员工作职责

(一) 总裁判职责

1. 总裁判在大会的领导下负责全面领导、分配全体裁判员的工作，并明确各裁判员的职责和任务。

2. 严格执行竞赛规则和大会竞赛规程，解决比赛中的有关问题。并可解决规则中未详尽或没有明文规定的问题，但不得修改规则。

3. 必要时可以干预比赛，以保证规则和规程得以执行。有权裁定比赛时产生的各种异议。

4. 当终点裁判员所裁定的名次与计时员计取的成绩不一致时，裁判有权决定名次。

5. 为保证竞赛顺利进行，在必要时有权撤销不称职的裁判员。

6. 根据本人的观察和其他裁判员的报告，有权取消犯规运动员的比赛资格或录取资格。

7. 应于比赛前检查场地、器材是否符合规则的规定。

8. 在每项、组比赛开始时，总裁判应用连续短促哨声示意运动员脱外衣，然后用长哨示意运动员站到各自的出发台上（仰泳项目和混合泳接力项目运动员应立即下水，在总裁判发出第二声长哨时，迅速游回池端做好出发准备）。当所有运动员和裁判员做好准备时，总裁判用外展手臂动作通知发令员，以示所有运动员已准备完毕，等待发令。发令结束后总裁判再收回手势。

9. 各项、组的比赛成绩须经总裁判签名后，交宣告员或记录员公布。

10. 副总裁判协助总裁判工作。

（二）技术检查员职责

1. 技术检查员位于游泳池两侧，在总裁判的直接领导下进行工作。

2. 技术检查员负责检查运动员在游进中的泳式和动作是否符合规则，协助两端转身检查员检查运动员转身，到达终点和接力交接棒的动作是否符合规则。

3. 技术检查员如发现运动员犯规，应及时报告并填写检查表交总裁判。

（三）发令员职责

1. 发令员应站在游泳池的侧面，离出发池端 5 米处发令，发令时，能使运动员和计时员听到或看到发令信号。

2. 发令员有权管理由总裁判发出手势信号后至比赛开始的运动员。

3. 发令员有权判定运动员出发时是否犯规，如取消运动员比赛资格或录取资格，须经总裁判员同意。

4. 如发现运动员延误比赛或蓄意不服从命令或在出发时有任何犯规行为时，发令员应向总裁判报告，总裁判有权取消运动员的比赛资格。

（四）转身检查长职责

1. 转身检查长（终点端和转身端各一人）负责领导和分配本端转身检查员的工作，确保每位转身检查员工作职责的完成。

2. 如发现运动员犯规，转身检查长应及时报告总裁判，并审核转身检查员交来的检查表，签名后及时上交总裁判。

（五）转身检查员职责

1. 转身检查员位于每条泳道两端各一人。

2. 转身检查员负责检查运动员从触壁前最后一个手臂动作开始至转身后第

一次手臂动作结束的整个转身动作是否符合规则。

3. 出发一端的转身检查员还要负责检查运动员从出发和出发入水后至第一次划水动作是否符合规则。在接力项目比赛中检查出发运动员是否在前一名运动员触及池壁后离开出发台。

4. 转身一端的转身检查员在800米和1500米个人项目中还要负责记录该泳道运动员完成的趟数。

5. 终点一端的转身检查员还要负责运动员到达终点是否符合规则并兼做计时员的工作;在800米和1500米的个人项目中,运动员到达终点前105米(25米泳池为55米)时,应用铃声或哨声向运动员发出信号,直至运动员转身后到达5米处。

6. 转身检查员在发现运动员犯规后,应及时报告并填写检查表交转身检查长。

三、自动计时长及自动计时员职责

1. 自动计时长负责领导和分配自动计时员的工作。赛前参与检查和调试设备,赛时负责监督自动计时装备的运行情况,收集和处理自动计时的成绩卡片,签名后及时送交总裁判。

2. 自动计时员负责安装、调试全部的自动计时设备,比赛时负责操作主机及有关设备,赛后及时向自动计时长提交自动计时的成绩卡片。

3. 在某项、组比赛结束后,如发现自动计时装置失灵时,应及时报告总裁判,并参照有关规定处理。

四、计时长及计时员职责

1. 计时长负责领导和分配计时员的工作。副计时长协助计时长工作。

2. 计时长应于比赛前检查计时表是否准确可用。

3. 计时长和计时员在发令员发出“出发信号”后立即按动计时表,在运动员抵达终点后立即按停计时表。

4. 计时长在每组比赛完毕,收集各泳道的比赛卡片,必要时查看计时员的计时表,核实比赛成绩。当采用每条泳道3块秒表计时而未设置终点裁判时,运动员的正式成绩是名次的根本依据。当设置终点裁判时,计时长将比赛卡片与终点裁判长核对名次后,交总裁判审查。

5. 计时员负责计取运动员在比赛中的成绩及计取100米以上距离项目的分段成绩,并将成绩登记在比赛卡片上交计时长。如计时长要求查看计时表成绩,应将计时表出示受检。没有得到“回表”信号前,计时员不得回表。

五、终点裁判长和终点裁判员职责

1. 终点裁判长负责领导和分配终点裁判员的工作。在各组比赛中,观察全部情况,综合终点裁判员的判断,确定每组比赛名次。副终点裁判长协助终点裁判长工作。

2. 终点裁判员按分工准确地判断每组比赛名次。

3. 终点裁判员应坐在梯形架上,架子位于终点的延长线上,以便在全部比赛中能清楚地看到整个游程和到达终点情况。

六、编排记录长及编排记录员职责

1. 编排记录长负责领导和分配编排记录员的工作;负责检查和核对每项比赛成绩、名次,并提示总裁判员在成绩单上签字。副编排记录长协助编排记录长工作。

2. 编排记录员在比赛前,应根据规则、规程、报名单、大会日程及有关材料,编制秩序册(单),印制裁判所需的各种表格。

3. 比赛中,要准确地记录和及时公布每项、组比赛成绩。预赛、半决赛后,按成绩编排半决赛、决赛秩序。编制创新记录表、团体总分表等统计表格。

4. 比赛结束后,应尽快编制成绩册,经总裁判签名后送交组委会。

七、检录长及检录员职责

1. 检录长负责领导与分配检录员的工作,副检录长协助检录长工作。

2. 检录员负责布置检录处,赛前核对运动员比赛卡片。

3. 检录员在每场比赛前负责接收各项接力棒次表。

4. 检录员在每组比赛前负责点名,并带领运动员入场,及时向检录长和总裁判报告未参加检录的运动员名单。比赛完毕后,带领运动员离场。发奖时,负责点名引导工作,检录员还要负责检查运动员泳装是否符合规定。(运动员必须穿不透明的游泳衣(裤)参加比赛。女泳装必须是连体的)

八、宣告员职责

宣告员在总裁判领导下,将比赛项目和进行情况及时向观众介绍,并宣布比赛成绩。

九、司线员职责

司线员负责掌管召回线,当听到召回信号后,应迅速放下召回线,将运动员召回。每场比赛前要认真检查召回线的设备。

附录一　游泳运动员等级标准(2001.6)

男子

	国际级健将		运动健将		一级		二级		三级		少年级	
	50 米池	25 米池	50 米池	25 米池	50 米池	25 米池	50 米池	25 米池	50 米池	25 米池	50 米池	25 米池
50 米自由泳	22.54	21.54	23.50	22.50	24.50	23.50	27.50	26.50	34.50	33.50	45.50	44.50
100 米自由泳	49.66	48.16	52.31	50.81	55.50	54.00	1:05.00	1:03.50	1:22.00	1:20.50	1:43.00	1:42.00
200 米自由泳	1:49.36	1:45.86	1:53.41	1:49.94	2:03.00	1:59.50	2:23.00	2:19.50	2:56.00	2:52.50	3:44.00	3:40.50
400 米自由泳	3:52.79	3:45.79	4:05.24	3:58.24	4:21.00	4:14.00	5:06.00	4:59.00	6:16.00	6:11.50	7:52.50	7:46.00
800 米自由泳	8:06.55	7:52.55	8:30.00	8:16.00	9:02.00	8:48.00	10:32.00	10:18.00	13:12.00	12:58.00		
1500 米自由泳	15:19.22	14:54.22	14:54.22	16:10.00	15:45.00	17:20.00	16:54.00	20:15.00	19:50.00	24:45.00	24:20.00	
50 米仰泳	26.29	25.29	28.03	27.03	30.50	29.50	35.50	34.50	43.00	42.00	51.00	50.00
100 米仰泳	55.68	54.68	59.08	58.08	1:04.00	1:03.00	1:14.00	1:13.00	1:30.00	1:29.00	1:52.00	1:51.00
200 米仰泳	2:00.51	1:58.51	2:08.56	2:06.59	2:18.00	2:16.00	2:41.00	2:39.00	3:16.00	3:13.00	4:04.00	4:02.00
50 米蛙泳	28.71	27.71	29.70	28.70	32.50	31.50	37.00	36.00	44.00	43.00	52.00	51.00
100 米蛙泳	1:02.29	1:00.29	1:04.91	1:02.91	1:11.00	1:09.00	1:20.00	1:18.00	1:34.00	1:32.00	1:55.00	1:53.00
200 米蛙泳	2:15.02	2:11.02	2:22.28	2:18.28	2:35.00	2:31.00	2:54.00	2:50.00	3:23.00	3:19.00	4:02.00	3:58.00
50 米蝶泳	24.45	23.45	25.67	24.67	27.00	26.00	32.50	31.50	41.50	40.50	52.00	51.00
100 米蝶泳	53.63	52.13	56.45	54.95	1:00.00	58.50	1:11.00	1:09.50	1:29.00	1:27.50	1:55.00	1:54.00
200 米蝶泳	1:58.66	1:55.66	2:05.71	2:02.71	2:14.00	2:11.00	2:38.00	2:35.00	3:18.00	3:15.00	4:02.00	4:00.00
200 米混合泳	2:02.81	1:59.81	2:09.68	2:06.68	2:19.00	2:16.00	2:40.00	2:37.00	3:15.00	3:12.00	4:04.00	4:01.00
400 米混合泳	4:21.19	4:15.19	4:37.85	4:31.85	4:58.30	4:52.00	5:31.00	5:25.00	6:56.00	6:50.00		

续表

女子

	国际级健将		运动健将		一级		二级		三级		少年级	
	50 米池	25 米池	50 米池	25 米池	50 米池	25 米池	50 米池	25 米池	50 米池	25 米池	50 米池	25 米池
50 米自由泳	22.52	24.52	26.45	25.45	27.20	26.20	31.50	30.50	38.50	37.50	49.00	48.00
100 米自由泳	55.41	53.91	57.44	55.94	1:02.50	11:01.00	1:13.00	1:11.00	1:34.00	1:33.00	1:53.50	1:52.50
200 米自由泳	2:00.05	1:56.55	2:04.27	2:00.77	2:15.00	2:11.50	2:39.00	2:35.50	3:23.00	3:19.50	3:58.00	3:54.50
400 米自由泳	4:11.60	4:04.00	4:21.70	4:14.70	4:44.00	4:37.00	5:46.00	5:39.00	7:06.00	6:59.00	8:24.00	8:17.00
800 米自由泳	8:36.32	8:22.32	9:00.67	8:46.67	9:42.00	9:28.00	12:02.00	11:48.00	15:02.00	14:48.00		
1500 米自由泳	16:50.87	16:25.87	17:25.00	17:00.00	18:35.00	18:10.00	23:45.00	23:20.00	27:45.00	27:20.00		
50 米仰泳	29.63	28.63	31.23	30.23	33.00	32.00	38.50	37.50	46.50	45.50	51.00	50.00
100 米仰泳	1:02.05	1:01.05	1:05.17	1:04.17	1:09.00	1:08.00	1:21.00	1:20.00	1:41.00	1:40.00	1:58.00	1:57.00
200 米仰泳	2:12.44	2:10.44	2:20.70	2:18.70	2:29.50	2:27.00	2:53.00	2:51.00	3:38.50	3:46.50	4:08.00	4:06.00
50 米蛙泳	32.14	31.14	33.52	32.52	36.00	35.00	41.00	40.00	48.00	47.00	55.00	54.00
100 米蛙泳	1:09.38	1:07.38	1:13.29	1:11.29	1:18.00	1:16.00	1:29.00	1:27.00	1:44.00	1:42.00	2:00.00	1:59.00
200 米蛙泳	2:28.04	2:24.04	2:37.41	2:33.41	2:51.00	2:47.00	3:13.00	3:09.00	3:48.00	3:44.00	4:08.00	4:04.00
50 米蝶泳	27.32	26.32	28.57	27.57	30.50	29.50	36.50	35.50	45.50	44.50	55.00	54.00
100 米蝶泳	59.30	57.80	1:02.81	1:01.31	1:08.00	1:06.50	1:20.00	1:18.50	1:39.00	1:37.50	2:02.00	1:59.00
200 米蝶泳	2:10.78	2:07.78	2:17.59	2:14.59	2:25.00	2:22.00	2:54.50	2:51.50	3:38.00	3:35.00	4:08.00	4:05.00
200 米混合泳	2:15.14	2:12.14	2:21.06	2:18.06	2:30.00	2:27.00	2:58.00	2:55.00	3:48.00	3:45.00	4:16.00	4:13.00
400 米混合泳	4:46.16	4:40.15	4:58.61	4:52.61	5:18.00	5:12.00	6:21.00	6:15.00				

注:1. 凡达到以上任何标准者,均可获得相应等级证书和证章。

2. 本标准由国家体育总局 1998 年 7 月发布(引自《游泳运动》2002)。

附录二 全民健身游泳锻炼标准

男子：

	一级(飞鱼)		二级(鲸鱼)		三级(海豚)		四级(海豹)
	50 米池	25 米池	50 米池	25 米池	50 米池	25 米池	
50 米自由泳	46.00	45.00	1:06.00	1:05.00	1:36.00	1:35.00	200 米持续游（限用竞技游泳姿势）
100 米自由泳	1:41.00	1:39.00	2:17.00	2:15.00	3:17.00	3:15.00	
200 米自由泳	3:43.00	3:40.00	4:39.00	4:36.00	6:39.00	6:36.00	
400 米自由泳	7:51.00	7:45.00	9:32.00	9:17.00	13:23.00	13:17.00	
50 米仰泳	52.00	52.00	1:12.00	1:11.00	1:42.00	1:41.00	
100 米仰泳	1:53.00	1:51.00	2:29.00	2:27.00	3:29.00	3:27.00	
200 米仰泳	4:05.00	4:02.00	5:03.00	5:00.00	7:03.00	7:00.00	
50 米蛙泳	58.00	57.00	1:18.00	1:17.00	1:46.00	1:45.00	
100 米蛙泳	2:08.00	2:06.00	2:41.00	2:39.00	3:37.00	3:35.00	
200 米蛙泳	4:37.00	4:33.00	5:27.00	5:24.00	7:19.00	7:16.00	
400 米蛙泳	9:19.00	9:13.00	10:59.00	10:53.00	14:43.00	14:37.00	
50 米蝶泳	51.00	50.00	1:11.00	1:10.00	1:41.00	1:40.00	
100 米蝶泳	1:50.00	1:48.00	2:27.00	2:25.00	3:27.00	3:25.00	

女子：

	一级(飞鱼)		二级(鲸鱼)		三级(海豚)		四级(海豹)
	50 米池	25 米池	50 米池	25 米池	50 米池	25 米池	
50 米自由泳	50.00	49.00	1:10.00	1:09.00	1:40.00	1:39.00	200 米持续游（限用竞技游泳姿势）
100 米自由泳	1:50.00	1:48.00	2:25.00	2:23.00	3:25.00	3:23.00	
200 米自由泳	3:56.00	3:53.00	4:55.00	4:52.00	6:55.00	6:52.00	
400 米自由泳	8:10.00	8:04.00	9:55.00	9:49.00	13:55.00	13:49.00	
50 米仰泳	56.00	55.00	1:18.00	1:17.00	1:48.00	1:47.00	
100 米仰泳	2:02.00	2:00.00	2:41.00	2:39.00	3:41.00	3:39.00	
200 米仰泳	4:18.00	4:15.00	5:27.00	5:24.00	7:27.00	7:24.00	
50 米蛙泳	1:04.00	1:03.00	1:24.00	1:23.00	1:54.00	1:53.00	
100 米蛙泳	2:16.00	2:14.00	2:53.00	2:51.00	3:53.00	3:51.00	
200 米蛙泳	4:55.00	4:52.00	5:51.00	5:48.00	7:51.00	7:48.00	
400 米蛙泳	9:55.00	9:49.00	11:47.00	11:41.00	15:47.00	15:41.00	
50 米蝶泳							
100 米蝶泳							

专业词语中英文对照表

蛙泳(Breaststroke)
身体姿势(Posture)
腿的技术(Leg techniques)
收腿(Close leg)
翻脚(Invert foot)
蹬腿(Kick)
滑行(Glide)
手臂技术(Arm techniques)
开始姿势(Starting position)
滑下(Slipping)
划水(Paddle)
收手(Close hands)
移臂(Shift arm)
呼吸及完整配合技术(Respiratory and complete assort technology)
蛙泳呼吸采用抬头吸气(Rising inspiratory)
自由泳(Freestyle)
入水(Into the water)
抱水(Hold water)
出水(Out the water)
空中移臂(Air shift arm)
两臂的配合(Co - ordination of arms)
侧面转头吸气(Suction side rotor)
完整配合(Complete assort technology)
仰泳(Backstroke)
蝶泳(Butterfly)
躯干和腿的技术(Torso and legs of technology)
蝶泳腿的鞭状动作(Whip - like action)
推水(Push water)

出发技术(Departure technology)
出发台出发技术(Block starting technique)
抓台式(Grasping desktop)
预备姿势(各就位命令以后)(Preliminary position)
起跳(枪声或笛声以后)(Jump)
腾空(Leap)
滑行和起游(Glide and starting)
摆臂式(Swing arm style)
蹲踞式(Crouching)
洞式入水技术(Hole entering water technology)
仰泳出发技术(Start technique of backstroke)
完转身技术(Turned technology)
平转身(Flat turn)
摆动式转身(Swing turn)
前滚翻技术(Pre - roll technology)
混合泳转身技术(Medley turned technology)
蝶泳转仰泳技术(图2-76)(Butterfly to backstroke)
仰泳转蛙泳技术(图2-77)(Backstroke to breaststroke)
蛙泳转自由泳技术(Breaststroke to freestyle)

参考文献

[1]全国体育院校教材委员会.游泳运动.北京:人民体育出版社,2001.

[2]全国体育学院教材委员会.体育学院专修通用教材 游泳.北京:人民体育出版社,1990.

[3]凌绍森,王化龙.游泳池场的管理和保养.北京:人民体育出版社,1993.

[4]凌绍森,等.游球场所卫生管理.北京:人民体育出版社,1987.

[5]严伟莉.怎样学游泳.北京:金盾出版社,2004.

[6]吴河海,狄建.蝶泳技术与训练.北京:人民体育出版社,2001.

[7]吴河海,谭政典. 仰泳技术与训练.北京:人民体育出版社,2001.

[8]吴河海,谭政典. 蛙泳技术与训练.北京:人民体育出版社,2001.

[9]吴河海,吕鹏. 爬泳技术与训练.北京:人民体育出版社,2001.

[10]中国游泳协会.游泳竞赛规则 2003.北京:人民体育出版社,2003.

[11]Ernest. W. Maglisscho, PhD. Swimming Fasttest. Human. Kinettics 2003.

[12]科斯蒂尔,等.运动医学与科学手册 游泳.温宇红,译.北京:人民体育出版社,2002.

[13]布尔加科娃·尼·日.游泳训练学.迟爱光,译.游泳季刊,2004,11.

[14]田麦久.论训练计划制定.北京:北京体育大学出版社,1999.

[15]万德光,万猛.现代力量训练.北京:人民体育出版社,2003.

[16]谢利民,郑百伟.现代教学基础理论.上海:上海教育出版社,2003.

[17]刘善言.学校体育学.济南:山东大学出版社,2001.

[18]教育部基础教育司.全日制义务教育体育(与健康)课程标准解读.武汉:湖北教育出版社,2002.

[19]张厚粲,译. 教育心理学.北京:中国轻工业出版社,2003.

[20]张英波.动作学习与控制.北京:北京体育大学出版社,2003.

[21]弗拉基米尔 M.扎齐奥尔斯基.运动生物力学——运动成绩的提高与运动损伤的预防.陆爱云,译审.北京:人民体育出版社,2004.